JN007453

野村克也の「人を動かす言葉」

野村克也
Katsuya Nomura

新潮社

まえがき

「言葉」をテーマにした書籍は、これまでにも何冊か出してきた。

私が感銘を受けた言葉を集めたもの、野球を中心にこれまでの人生で得た教訓・人生訓・標語……特に監督時代は、選手に対して野球人としてだけでなく、社会人としても通用していけるように日々の心がけを言葉にして説いたものだ。

「監督とは言葉である」

私の持論である。少し詳しく書くと「監督の言葉は力である」となろうか。選手やコーチなど自身のチームを統べるだけでなく、対戦チームに対して、マスコミとその先にいる大勢の野球ファンに対して、監督の発する言葉は力をもっていなければならない。

「言葉は力」と聞くと（こういうタイトルの本も数多ある）、語彙力とか、難解な言葉や慣用句を知っているという「力」をイメージされるだろうか。

あるいは、臨機応変にその場の空気や雰囲気を読み、適切な言葉や故事成語などを巧みに操ることができる「力」を連想されるかもしれない。

だが、**私が言う「言葉の力」とは、「人を動かす力」である。**

いくら語彙力や知識があって、且つそれを披瀝できる技術があったとしても、その真意が相手や周囲に伝わらなければ意味はない。つまり、いくら一生懸命に話しても、相手を動かすことができないのである。

ボヤキ、語録、名言、迷言……色々な表現をされてきた私の言葉は、励ましもあれば皮肉もあるし、ウケを取る（ギャグ）ものもあれば叱咤激励もある。若気の至りゆえの生意気もあるだろう。

今だからこそ言えることでもあるが、私の言葉には、ある明確な信条がある。

「言葉は、戦力である」

ということだ。その場、状況、人間関係において、どのような目的を持って言葉を発するか。その使い方如何で貴重な戦力となり、物事を前に進める潤滑油になり得る。

ご存知のように私はキャッチャー出身だ。バッテリーを組むピッチャーを中心に常に球場全体を意識しているから、野球に関する基本的な考え方は「守り」のイメージをお持ちの方が多いのではないか。だが、本書でも書いているが、僭越ながら私はあの世界のホームラン王・王貞治に次いで、日本で2番目にホームランを打っている。そして戦後初の三冠王を獲得していることからもお分かりのように、「攻める」ことにもこだわりがある。バッティングはもちろんだが、攻撃は時に「口撃」として有効に使ってきた。

本書では、これまで実際に私が発した「言葉」を取り上げる。それは大まかに五つのテーマに分けている。
①挑発。これは脅すとか凄むとかいうことより、攻める要素が強い。
②煽り。私のボヤキは、相手を煽るのに効果的だということを知って欲しい。
③嘘。ずばり、相手を欺く事だ。
④賛辞。ストレートに褒めなくても、効果のあるやり方がある。
⑤優しさ。こういうテーマはあまり本意ではないが、いい機会なので、書いてみたい。
それぞれの場面で言葉を発した背景や当時のエピソードをまじえながら、いかに言葉が人を動かすことができるのか、読み進めて欲しい。
本書が店頭に並ぶ頃には、２０２０年のペナントレースも始まる。監督の采配、選手のプレーもいいが、各々が発する言葉にも注目してみると、今シーズンの観戦も面白いものになるはずだ。

２０２０年1月　野村克也

＊本書制作中の２０２０年2月11日、野村克也さんは逝去されました。心よりお悔やみ申し上げ、ご冥福をお祈りいたします。（編集部）

野村克也の「人を動かす言葉」　目次

第3章 嘘 ～欺く、ノムさん

第4章　賛辞　～褒める、ノムさん

第5章　優しさ　～情のノムさん

番外編　最愛の妻を亡くして

帯写真提供／ベースボール・マガジン社
本文写真提供／共同通信社
装幀／新潮社装幀室

野村克也の「人を動かす言葉」

第1章　挑発　〜攻める、ノムさん

南海選手兼任監督時代、ベンチからサインを出す

「クビになったら、南海電車に飛び込んで死にますから！」

夜の帳(とばり)が降りると、明かりをつけていない家々の窓が、野球少年の鏡に変わる。それを見て素振り、スローイングの練習と確認をする。そんな子供時代だったよ。例えだけどね。それだけ野球が好きだったという意味じゃない。私の家は、とてつもなく貧乏だったんだ。

京都府竹野郡網野町（現・京丹後市）のド田舎。野球の練習設備もなければ、家に豪華なトレーニング用具があるわけでなし。中学時代の野球部の写真を見ると、私だけランニングシャツに半ズボンで写っている。他はみんなユニフォームなのに。それだけお金がなかったんだよ。よく先輩に、用具やユニフォームのお下がりをもらったもんだ。バットがないから、一升瓶に砂を入れて素振りしたりしてね。

それが巡り巡って、１９５４年に南海ホークスにテスト生として入団。もちろんポジションは捕手としてね。きらびやかなプロとしてのスタート……とはいかず、初年度の成績は、9試合に出場。11打数の0安打。盗塁1、三振5。まあ、ひどい成績といえばそうだけど、2年目は、いよいよこれからという気持ちだった。

ところが、年末に球団に呼ばれて言われたのが、

第1章

挑発　～攻める、ノムさん

「残念な話だけど、来季、君とは契約出来ない」

「ええっ⁉　まだ何もしてないじゃないですか」

振り返れば、甘えの言葉でもあったんだけど、何せ右も左もわからない1年目だからね。本音だった。でも、向こうもひかない。

「こちらも1年見ていれば、ものになるかどうかはわかるよ。まだ若いんだから、早く別の道を探した方がいい」

「そんなこと言ったって、新卒なら就職先もあるかも知れませんけど、いまさら雇ってくれません！　球団がどこか私に会社を世話してくれると言うんですか！」

今考えると、舐められていたし、私は私で、揚げ足を取ろうとしていたよな。以降は「やめてくれ」「続けさせて下さい」の押し問答。いくら雇い主だって、そんなこと聞けるもんか。私は思わず、こう言い放っていた。

「クビになったら、南海電車に飛び込んで死にますから！」

「言葉は剣より鋭し」

『五輪書』で知られる宮本武蔵の言葉だという。言うなれば、「剣が体を攻めるものなら、言葉は相手の心を攻撃することが出来る」という意味。

二刀流で有名な武蔵だけど、この時の私はそれこそ口頭での白刃一刀。相手の喉元に、切っ先を突きつける腹づもりだった。監督になってからは「ボヤキの野村」と言われ、家ではサッチーの支配下選手。だから私にとっては、これが生涯最大の脅しだったかも知れないな。ただ、この時の担当課長にも、ひいては私を南海に採ってくれた人にも悪いけど、もともと南海電車が好きではなかった、という底意もあったんだよ。

南海の選手なら、そもそもみんな南海電鉄の沿線に住むもの。親会社だからね。でも、私が最初の結婚の時に家を買ったその最寄りは、阪急の沿線、三宮駅（神戸市）。今でもお洒落なスポットとして知られているだろう？　そのイメージに憧れていたんだ。逆に、南海沿線というと、少なくとも私には洗練された印象はなかった。昭和30年代当時の、まだわやわやとした新宿と、一等地として歩くだけでも庶民の憧れだった銀座との違いというのかな。だから私の中で、この脅しは、本音も本音だった。

こんな箴言もある。「人間を動かす二つの梃子は、恐怖と利益である」。かのナポレオン・ボナパルトの台詞だ。私は自分のやった2年後に、星野仙一が東北楽天ゴールデンイーグルスの監督をやると決まって、講演会でこう言ったことがある。

「私は理論を携えてチームを導く。彼は恐怖をもって選手を支配する」

リップサービスもあったし、実を言えば、このナポレオンの言い分が、間違っているとも思わない。むしろ、真理をついていると思う。だけど、リーダーの行動原理としては、少々品に欠けるものだよな。この成句にもう一つ言葉を足すとすれば、「敬意」だろうね。

でも、それはあくまで上に立つ人の話。1年目の私は、文字通り、恐怖をもって先方を動かそうとしたんだ。そうしたら担当課長の顔色が変わった。

「君、冗談でも、そんな物騒なことを言うもんじゃないよ」

「私は本気です」

　必死の覚悟だった。その理由は先ず、母親と交わした約束にあった。


　おいおい語っていくけど、ウチは母子家庭。南海ホークスの入団テストに合格した1954年は昭和も昭和だよ。「受かったから、（球団のある）大阪に行かせて下さい」と頼んだ私への母親の答えは、半ば予期出来たものだった。

「プロ野球選手なんて……もっと地道な仕事はないのかい？」

　京都の片田舎じゃ、こんなもんだよ。故郷の京丹後市に2018年3月、『野村克也ベースボールギャラリー』ができたけど（多目的施設「アミティ丹後」内）、それを立ち上げる際の担当の挨拶は、「丹後にも、こんな偉大なプロ野球選手がいたことを知って欲しい」だからね。照れるけど、つまり、私以外、いなかったってことだよ。京丹後市は2004年、生まれ故郷の竹野郡と他の町が合併して出来たものなのだけど、その名誉市民第1号に選ばれているのも、私なんだよね（2009年）。まあ、嬉しいことではあるけど……。

「あんなキラキラした世界、お前には向いてないよ」と、母親は追い打ちをかけるように口にした。私も、後で自分のことを「月見草」というくらいだから、ある意味、母親の言うことも当たっていたんだろう。

　母親の言い分はわかったけど、高校時代の恩師と一緒に訴えた。

「3年やらせて下さい。3年やって、ダメだったら帰って来ますから」

少し話が逸れるけど、その時の私の夢は、母校の峰山高校の野球部監督になることだった。だから、とにかく3年やって、自分が学んだことを後進に授けることが出来ればと考えていたんだ。それが1年でクビだよ。だから食い下がる以外、私には選択肢がなかった。

「せめてあと1年、やらせて下さい。それでダメだったら、来年のこの席では『南海電車に飛び込む』なんて言わずに、潔く田舎に帰りますから」

「こういう時、大抵の選手は素直に頭を下げて、『お世話になりました』と言って去って行くんだけどなあ……」

渋い顔をした担当課長は、根負けしたように、最後にこう言った。

「わかった。あと1年、やらせてやるから」

◎

プロ野球選手になって一旗あげたいと思ったのは、中学3年生の頃だったかな。大変な貧乏だったから、大学を出て教授になったところで金持ちになれるわけじゃないと思って……というのは言い訳で、単純に、頭が良くなかったんだよ。勉強が嫌いだった。

その点、3つ上の兄は秀才肌で、勉強もよく出来た。聞くところによると、成績表はオールAで、学年でも1、2番を争うほどだったらしい。だから、地元の学校に進学するたびに、先生方に言われたもんだ。

「お兄さんはよくできるんだから、野村君もやればできるんだよ……」

言い方は少し悪いけど、兄貴は兄貴でクソマジメなタイプだったからね。ウチは愚兄賢弟ならぬ、典型的な賢兄愚弟だった。先生にそんなことを言われて、いい気分がするわけがない。だから野球に打ち込むしかない。

ところが、中学3年の時、家で食卓を囲んでいたら、母親にこう言われたんだ。

「克ちゃん、中学出たら、働いてくれんか……」

高校進学は金がかかる。野球の用具を揃えるなら一層のこと。前述の通り、野球が好きとは言えない母親でもある。金銭的な事情もわかるだけに、従うしかなかった。ところが意外なところから声が上がったんだ。

「克ちゃんのこと、高校にやってくれんか?」

高校3年で、大学進学を見据えていた兄貴だった。

「これからのご時世、高校くらい出ておかないと、絶対に不利になる」

兄貴は頭も考え方も、やっぱり実直だったよ。そして言った。「俺が大学に行くのは諦めるから……」。兄貴はそのまま、本当に大学行きを諦めて、就職してしまった。私の学費も出してくれたんじゃないかな。少なくとも、母親を助けたのは間違いない。本当なら私が働いて家計を支えるはずだったんだから。

その兄貴の言葉と判断で、私は高校に行けて、野球もできた。ひいてはプロになるのもね。母親との約束もあるし、兄貴への思いもあったからこそ、絶対にプロ選手を1年で終わらせるわけにはいかなかったんだよ。

そして、振り返れば、あのクビ寸前の体験があったから、そこから死ぬ気で頑張れたんだろうね。「イエローハット」創業者の鍵山秀三郎さんは、こう言っている。

「若い時に流さなかった汗は、老いてから涙となって返って来る」


そんな弟思いな兄貴だけど、不和だった時期があったんだ。原因は、サッチーとの結婚だった。

後で詳しく話すけど、私にはすでに妻がいたんだが、ある事をきっかけにうまくいかなくなったんだ。そこから長い別居状態に入った。サッチーに出会ったのは、そんな時期だった。ところが、実質的にはそうであっても、正式に離婚が成立していなかった。夫婦生活が破綻しているわけだから、私としてはサッチーと付き合うのは一切気にならなかったけど、マスコミは違った。こぞって私を叩いたよな。

そんな時、兄貴から手紙が届いた。内容はこうだった。

〈おまえは妻も子供もいるのに不倫に走り、その上、結婚を考えていると聞いた。そんな自分勝手な行動で妻と子供を捨てるなど言語道断。お金を払って別れることはできないのか〉

誤解を解こうと、すぐ電話したよ。ところが兄貴は激怒している。「非常識なお前とは話すことはない」と、私の言い分など聞かず、問答無用ですぐ切っちゃった。一本気な性格も、ここまで来たかと思った。

ご存知のように、サッチーは２０１７年の暮れに亡くなった。兄貴とサッチーが会うことは、遂になかったよ。

2018年3月。あるテレビ番組の企画で兄貴と再会したんだ。それこそ京丹後市でね。中学時代、バット代わりの一升瓶に入れる砂を調達した海の見えるホテルの一室だった。兄貴は杖をついて現れてね。そして言うんだ。「(杖で)床が汚れちゃうな」。……本当、バカ真面目なんだよ。

私の方から改めて説明した。

「俺が前の女房を捨てたと思っているんだろう？　だけどそれは違うんだよ」

神妙に聞いていた兄貴は言ったよ。

「結婚を反対したこと、非常に申し訳ないと思っている」

そして、こうも言い足してくれた。私が選手や監督として活躍するのを見て、「(サッチーとの)結婚に反対した自分は、間違っていたんじゃないかと、ずっと思っていた」と。兄貴らしい、生一本な謝罪だったな。

私があの世に行く前に、誤解が解けて良かった。サッチーの遺影にも報告したよ。クソマジメな謝罪も貰ったという一言も心で添えてね。

○巧みに偽るより、拙い言葉でもいいから相手に訴える

「私を辞めさせたら、このチームは最下位になりますよ」

「私のボヤキはこれくらいにして、感謝の言葉に代えさせていただきます」

『第42回内閣総理大臣杯日本プロスポーツ大賞』授賞式での、私の挨拶だ。場内大ウケだったな。私が貰ったのはスポーツ功労者文部科学大臣顕彰。プロ野球キャリアも終盤の、2009年12月25日のことだった。

出だしはちゃんと謝意を述べていたんだ。なにせスポーツ功労者だからね。「選手、監督、解説者と、プロ野球界で精いっぱいやってきたことが、高い評価を受けたのだと思う」と。

ところが、その後がいけなかった。

「楽天になぜか解任されて、いまだに納得しておりません。できればもう1年だけやりたかった、残念です」

そこから出だしの言葉に繋げて、オチをつけたわけだ。

私はこの年の10月、楽天の監督を解任された。

私は楽天が創設されてから2年目、2006年から監督になった。田尾安志監督が指揮を

執った初年度の2005年は、136試合で38勝97敗1分。勝率0・281で、ぶっちぎりの最下位だった。1位のソフトバンクとは51・5ゲーム差、5位の日本ハムとですら、25ゲーム離れていたんだよ。田尾監督退陣のニュースをテレビで観た時、サッチーにこう言ったのを覚えている。

「おい、これはひょっとしたら、俺のところに（監督の）話が来るかも知れんぞ」

今まで弱いチームばかりを率いて来た実感があったからね。一種の勘だった。

予想は現実になり、私は2代目の楽天監督に。最初は3年契約、つまり2008年までの契約だったんだが、チーム成績は6位→4位→5位。すると、契約の最終年にこう言われた。

「来年もう1年、指揮を執ってくれませんか？」

まさかの1年の契約延長に、私も期するものがあった。そして、翌2009年の結果は2位。球団初のクライマックスシリーズ（CS）進出を決めたんだ。2位ならCSの第1ステージが地元で出来るじゃない。調べてくれたところによると、それだけで宮城県の試算で約6億5000万円の経済効果があったらしい。入場料はもちろん、CS初進出の記念グッズ売り上げだったり、あと楽天の方からも、球団を応援してくれる飲食店に特別に応援ポスターを便宜したりね。ファンはそこで祝杯をあげるわけだ。

シーズン1位は日本ハムだったけど、この時、私は内心、こう思っていた。

「来年、指揮を執らせて貰えば、その時こそ、優勝できる」

裏を返せば、契約延長があると信じて疑わなかったんだよ。するとシーズンの最終戦の開始前、監督室に来訪者があった。米田純球団代表と島田亨球団オーナー兼社長（＊肩書きはいずれも当時）。滅多に球場には来てくれなかった2人だ。言い足せば、三木谷（浩史）会長もね。まあ、忙しいのだろうけれど……。

意想外の面会に、私の心は躍った。これはCSを前に、わざわざ激励しに来てくれたのだろうと。だが、言われたのは、さらに予想外の言葉だった。

「（監督契約最終年なので）監督を辞めてください」

CSが始まる前だよ。私はこう返した。

「万が一、日本一になってもクビですか」

「勝っても負けても、ご退任いただきます」

そんなこと言われてCS、やる気になるかね？

結果はご存知の通り、第1ステージは勝ったものの、第2ステージは1勝しかできず敗退。後日、これは三木谷会長も同席した時だけど、私はこう、確言した。

「契約をどうしようとアナタがたの勝手だけど、私を辞めさせたら、このチームは最下位になりますよ」

「巧詐（こうさ）は拙誠（せっせい）に如（し）かず」

『韓非子』の中にある言葉だ。意味は読んで字のごとし。「拙くとも誠実であることこそ、巧く詐（いつわ）ることに勝る」。三木谷会長の前で、私は、そんな気持ちだった。この時期の楽天は、まだ大人のチームになり切れていなかったんだよ。

この年、チームは開幕4連勝でスタートした。4月が終わった時点で貯金4。悪くない出だしだった。ところが5、6、7月と、月間戦績で負け越したんだ。強いチームなら、そもそもこんなに負け越しは続かない。

例えばオリックスとは同シーズン、19勝4敗だった。お得意さまという奴なんだけど、当時の私は、勝利試合の後にはっきりとこう振り返っている。

「オリックスには相性がいいね。逆に言えば、向こうが自滅してくれているということ」（9月10日）

「向こうが雑な攻撃をしてくれたから助けられたんだよ」（10月5日）

「勝ちに不思議の勝ちあり。負けに不思議の負けなし」（松浦静山『剣談』より）とは、私が言った語録の中でも知られたものだと思うけれど、つまりは「不思議の勝ち」だったわけだ。当然なんだけど、私は監督だからそのくらいのことはわかっていた。でもフロントは、あくまで結果しかみてなかったんじゃないかな。あの時期の楽天は、まだまだチームとしては子供。未完成だった。それを背広組は、わかっていたのかな。

「我を知らずして、外を知るという理あるべからず。されば、己を知るを、物知れる人というべし」（自分を知らずに、他人のことをわかるという道理があるわけがない。であれば、自分を知っている人を、物事をよく知っている人と言うべきだ）

『徒然草』の中にある文言だ。吉田兼好なんて、鎌倉時代の人なんだけどね。

兼好はさらに続けて、こんな内容のことを言っている。

「自分の欠点を知っていても、それに対して対処しなければ、その欠点は知らないのと同じだ」

まさにその通り。その対処をしていくのが監督、コーチ、ひいては選手個人なんだよね。この年の8月、チームは17勝7敗、9月は16勝10敗。後半に来て、少しはそういう修正も利いたということなんじゃないかな。

子供といえば、こんなこともあった。4月25日のソフトバンク戦だ。先発は岩隈久志。7回無失点の好投だった。この時点で4―0でリード。投球数も93と、ペースも良かった。ところが、そこで降板しちゃったんだよ。「足が張った」とか「吊った」とか言っていたな。そうしたら8回裏に4点入れられて並ばれて、結果、延長11回でサヨナラ負け。

私は打たれた中継ぎは責めなかった。試合後の談話で言ったよ。「エースがあれでは困る」と。もちろん岩隈のことだ。「(エースに必要な)闘争心や強い精神力、勝利への執念がない」ともね。さらにこの時、「これはこたえるわ。今日は寝つけない。一睡も出来ないんじゃないかな」ともボヤいている。まさに〝大人になり切れてないチーム〟を感じたんだよ。

もう1年という私の思いは叶わず、CSが終わったら、そのまま解任となった。

解任を告げられたレギュラーシーズンの最終戦の終了後かな。ファンは嬉しいことに、観客席から、「辞めないで」の大合唱をしてくれた。私の契約が終わることを知っていたのだろう。私自身はよく覚えてなかったんだけど、その時、ファンに向けて、首に手を当てるポーズをしている。「クビなんですよ」みたいな感じで。写真に残ってる。衆人環視の中でそんなことやるなんて、私もよほど腹に据えかねていたんだね。いきおい、冒頭の挨拶ともなったわけだ。

ただ、翌年３月、あるスポーツニュースの制作発表の場で、その年の楽天の予想順位を聞かれて、「５位」としたのは本音も本音。まだ成人していないチームを知っているからこその冷静な分析だった。

⚾

その２０１０年からの私の後任は、前年まで広島カープの監督を４年間務めた、マーティー・ブラウンだった。私の５位予想を聞いて、心中、穏やかじゃなかったらしい。翌日の練習で、ナインにこう言ったそうだ。

「もし５位になったら、みんなのお尻にキスをしますよ」

人として、ブラウン監督に含むところはないよ。広島の監督時に、日本人の女性と再婚したんだよね。交流戦の時に挨拶に来たから、言ってやったんだ。

「かわいい奥さんらしいやないか」

「ノムラさん、日本の奥さんは厳しいって教えてくれたらよかったのに」

「うちの奥さんはもっと強いぞ。家庭円満の秘訣は奥さんがリーダーになることや」

「ワカリマシタ（笑）」

記者の前での会話だったけど、リップサービスをわかっている。ユーモアもあって、爽やかで誠実な男だよ。だけど、私の後を継ぐと聞いた時、余り良い感覚はなかった。もっと言えば、他の監督がやるよりも、暗澹たる気持ちになった。もともと広島時代から、傍目にもわかるくらい、選手の自主性に任せる監督だったからね。阪神の監督をやった直後かな、講演会でこう言ったことがある。

「選手を信じている、という言葉は良い選手ばかり、大人の選手ばかりの時に言える言葉でした」

結果、ブラウン監督時の楽天は最下位。5位じゃなく、6位だったわけだけど、例のキスはしたんかいな。この年の暮れかな。三木谷会長に会ったら、言ってたよ。「野村さんの言う通りでした」とね。

⚾

2009年は、楽天のCS進出、私の解任の他にも、エポックがもう一つあってね。監督として、通算1500勝を達成したんだ(4月29日)。史上5人目の快挙らしい。先人は、1位から、鶴岡一人、三原脩、藤本定義、水原茂と、そうそうたるメンバー。私は当日、言ったんだよ。「そんな大先輩たちと、並べないでよ」と。これまた、心からの声だった。なぜって、その5人の中で、私だけが負け越していたんだ(＊記録達成時点で1506敗)。

私はこうコメントしたね。

「これで球界に名を残したね。汚名という名を」

⚾

話を楽天監督解任時に戻そう。迎えたCS。第1ステージは突破。この時、既に球団が売っていた監督としての私のグッズは完売状態だったらしい。さっき言った経済効果には、これは入っとるんかな。

日本シリーズ出場をかけた第2ステージ第1戦は、覚えてる読者もいるんじゃないかな。9回表が終わった時点で、先攻の楽天が4点リードの8—4。しかも、9回表に2点追加してのそのスコアだった。だから、勝利は本当にすぐそこだった。ところが9回裏に1点を返されて、そこからスレッジの満塁弾で、逆転負け。こんなことってあるのか。本当にドラマでも見ないような幕切れだったよ（＊同ホームランは2010年、日本野球機構が監督、コーチ、選手、計858人へのアンケートで選んだ、「名勝負・名場面」部門の1位に選ばれている）。

翌日の2戦目は、岩隈を先発に立てた。完投だったけど、1—3の惜敗。3戦目はマーくん（田中将大）が粘ってくれて、3—2で何とか勝利。これで対戦成績は1勝2敗なんだけど、シーズン1位のチームには1勝のアドバンテージがついているからね。記録上は1勝3敗。先に4勝した方がCS突破だから、もう後がなかった。

迎えた第4戦は、ルーキーの藤原（紘通）を先発に立てたんだけど、2回までに4点を失って、こちらとしては継投しかなかった。7回終わりまでで青山、小山、有銘（ありめ）、川岸……。つぎ込みにつぎ込んだよ。そしたら、4—6で負けていた8回、「僕に投げさせて下さい」と直訴して来た男がいた。

2日前、8回を投げ抜いていた、岩隈だった。

登板した岩隈は、疲れが取れてなかったのだろう。3点を失った。そして、負けたよ。その年の楽天のラストゲームとなった。

だけど、嬉しかったよ。あの時の岩隈の申し出。

「俺がなんとかしたい。俺の背中でチームを勝たせたい」

と思ったんだろう。あれこそ、私が見たかった、真のエースの矜持であり、責任感ある姿だったんだ。

だからこそ、せめてもう1年だけでも、私は楽天の監督をやりたかったんだ。

もちろん、この試合が、私の監督としてのラストゲーム。1500勝を決めた試合から、6か月が経っていたな。

振り返れば、当たり前だけど、私の通算成績も変わっていた。

「1565勝、1563敗」

選手たちには、ありがとうと言いたいね。

○結果を責めない。根拠を重視する

「お前の出す指の向き一つに、選手の生活と球団の未来がかかってる！」

まだ人のいないはずの、選手バスに乗り込んだ時のことだ。どこからか声がする。

「うわぁ……」「あぁっ……」。誇張めいて言えば、それは悲鳴だった。

でも、この時の悲鳴は怖くもなんともなかった。聞き覚えのある声だったからね。声の主は、長嶋一茂だった。ヤクルトでは、90、91年と、私の配下にいた選手だ。イチ早く、選手バスに乗っているとは、見上げた心がけと思ったよ。

ところが、呻きは続いた。「ひゃあ……」

見ると、選手バスに設置されたテレビで、オカルト番組をやっていたんだよ。心霊写真とか、その類だ。一茂は言った。

「怖いよぉ……」

私は心霊とか、占いの類を信じないわけではない。ヤクルト時代も、馴染みの風水師にラッキーカラーを聞いて、勝てばずっとその色のパンツを穿いていたくらいだったからね。ゲン担ぎという奴だよ。

まあ、これは個人の嗜好の問題だ。だけど彼は、その恐がりな性格がグラウンドでも出てしまっていた。内角の球に弱い。へっぴり腰になる。理由を聞くと、予期した答えが返って来たもんだ。「当たるのが恐いんです」。こりゃミスター2世、かつて、死球で大怪我でもしたんかなと思って、それも問いただしたら、彼は言ったね。

「いえ、今まで一度も当たったことはないんですが……」


筆が滑ったが、恐がりの話だ。

捕手のリードにとっては必要なものだよ。リスクを回避するという気持ちは大事だ。生来のマイナス思考の私が言うんだから間違いない。だが、そこに必ず必要なものがある。根拠だ。

思い出すのは南海時代。3年目にレギュラー捕手になれた私は、ある時、投手にストレートを要求して、打者にホームランを打たれた。それでベンチに戻ると、鶴岡一人監督に言われたんだ。

「馬鹿野郎！　ストレートなんか、要求するからだ！」

なので、次の打順では、カーブを要求した。そしたらまた打たれた。私は思った。さすがはプロの打者だなあ、と。ところがどっこい、ベンチに戻るなり、鶴岡監督にこう怒られた。

「馬鹿野郎！　カーブなんか、要求するからだ！」

（……はぁ？）と思ったよ。その時、私は誓った。結果論だけで物事を言うようにはなるまいと。

古田敦也を獲ったのは、1989年暮れのドラフトだ（＊2位指名）。私がヤクルトの監督になって初めてのドラフトだった。「打撃に目をつぶっていいなら、捕球も良くて肩の強いのが1人います」と、スカウトが推薦して来たのが彼でね。社会人野球、トヨタ自動車の正捕手として名を馳せ、1988年のソウルオリンピックの日本代表にも選出。この時の日本の成績は銀メダルだったから、実績も申し分ない。センターラインは守備力重視だったし、打撃は関係なかった。

だけど、私は実は古田獲得には反対したんだ。いや、だからこそ、反対したと言っていい。大学や社会人を経験して来ると、投手も捕手も、変なクセを持って入って来る場合が多いんだよ。私は監督として、自分の理想の捕手を育てたかったし。高卒が理想と言えば理想だった。私自身は覚えてないんだけど、楽天の監督時代に嶋（基宏。国学院大学卒）を獲った時、顔を合わせた第一声で、私はこう言ったらしいよ。

「大卒は嫌いなんだ」

だから、古田の過去をなかったことにしてでも、じっくり育てようと思った。具体的には、「試合には出なくていいから、ベンチで必ず俺の隣に座れ」とする。そして、味方や敵の投手の次の配球を、私が言い当てる。古田だけじゃなく、みんなびっくりしていたよ。「どうしてわかるんですか？」と。そこで私がその理由を言う。そうやって鍛え上げて行こうと思ったんだ。できれば3年以上かけてね。

しかしながら、そうは行かなかった。前任監督の関根（潤三）さんが使っていた捕手が……まあ、名前は秘すけど、リードや守備が大変、よろしくなくてね。1年目から、古田を使わざるをえなくなった。現に古田は1年目からよく試合に出ているはずだよ（＊106試合出場）。それにしても、関根さん、よくあの捕手で我慢していたな……。

いきなりプロの本番の場に立たされた古田だから、ひょっとしたら、右も左も……という感じだったかもわからないな。だが、決めた以上は私も容赦はなかった。打たれたら、よくこう言ったもんだ。

「（配球の）根拠を言え、根拠を！ お前の出す指の向き一つに、選手の生活と球団の未来がかかってる！」

これには私自身の経験も影響している。まさにこの言葉と同じことを、試合中に突然、思ってしまったことがあったんだよ。問題は、私がまだその時、プロ3年目だったということだった。私は、正直に、鶴岡監督に言った。

「（配球に）自信がなくなりました」

「なにぃ!? バカ野郎！ じゃあお前はライトでも守っておけ！」

配球の理論的な裏付けがないことが理由の試合途中での守備交代。しかも慣れぬ外野だ。ちょうどその時の試合は後楽園球場だったんだけど、だから当時の毎日オリオンズ戦かな。敵側のベンチから野次が飛ぶんだ。

「野村ー！ 守備位置、そこじゃないよ。もう少し前で守らないと！」

辟易していたが、私は結局、5回にはまたキャッチャーのポジションに戻っていた。監督の方針だった。代わった捕手は、さらにダメだったんだよ。今思えば、1年目から古田を起用した事由と、そっくりそのままだった。

表題の言葉の、卑近な例を出そうか。前に触れた楽天のCS第2ステージ、最初の試合の最終回だ。4点差の9回で福盛（和男）をクローザーに送り込んだら、ポンポンと打たれて1点を失い、なお満塁。そして迎える日本ハムのバッターはスレッジ。勝負球となる1球というところで福盛が捕手、中谷（仁）のサインにクビを振ったんだ。その瞬間、身の毛がよだつというか、全身から血がサァーッと引いていった感覚になったのを覚えている。

（あかん、こいつストレート投げるつもりや）

スレッジは直球待ちのみのバッターで、フォークを投げておけば危険は回避できる選手だった。試合前にもそれは確認していたんだ。しかれども、ピッチャーというのは、ここぞという時はストレートで格好良く締めたいんだね。でもこの場合、それは絶対させちゃいけない選択だった。案の定、打たれたボールは左翼席に飛び込んで行った。流れを取り戻せずCS敗退したのは前述の通り。あそこで打たれなければ、球団の未来も変わっていたかもな。

だから、私は、入団最初のミーティングで、捕手にはこう言うんだよ。

「捕手は捕るだけの『捕り手』でなく、投手の足りないところを補う『補い手』でなければならない。投手にとって、捕手はそういう存在じゃなきゃいけないんだよ」

杉浦忠という投手がいただろう。私と南海でバッテリーを組んだ、通算187勝の大投手だ。その杉浦が打たれると、言うんだよね。「仕方ない、よう打たれたよ」。投手の気持ちはそうなんだけど、捕手はそれを言わせちゃ、ダメなんだ。

楽天の嶋も、スカウトの推薦で獲ったんじゃないかな。大学では主将を務めたほどで、人望もあったようだ。東日本大震災の時、選手会長としての彼の挨拶を覚えている読者も多いと思う。「見せましょう。野球の底力を」。真面目な好青年。そんな嶋だから、私は1年目から彼を起用。それこそ古田と同じく、ベンチでは私の前に座らせて、配球術を叩き込んだ……つもりだった。

ところが、嶋の奴、なかなか打者の内角が攻められない。配球は、困ったら外角一辺倒。「なんで内角、攻めんのや?」と聞いたら、こう言った。「ホームランを打たれるのが恐い」、あと、「打者にぶつけるのが恐い」と。仕返しもあるだろうし、そもそも相手に怪我をさせたくないという嶋の内心も感じたな。ふと思い立って、私は、嶋の中学時代の成績を調べさせたことがあった。5段階評価で、オール5だったよ。

これが罠なんだ。嶋は頭がいい。だから分析力にはとことん長けている。つまり、判断は出来る。ところが、周囲をよく見て頭に入れている分、それに引っ張られて一番大事な〝決断〟が出来ないんだよ。

「観見の二眼あり」

これまた、宮本武蔵の言葉だ。肉眼で「見る」ことはもちろん、心の眼で「観る」ことが出来なければ、戦いには勝てないという言意だ。後者は、相手の考えまで読み取ること。それが判断以上の決断に繋がる。私はこの教えを翻案して、捕手によくこう訓戒した。「右目で投手を見て、左目で打者を観ろ」と。

打撃は、要はタイミングなんだよ。捕手の役目は、それをずらすことだ。例えば、打者には三拍子のリズムが往々にしてある。直球、直球と来たら、「次は変化球かな？」と思いがちだ。変化球、変化球なら、「次は直球かな？」とかね。それを外して行くんだ。他にも、2ストライクの時に、その打者はどうするのか。逆に、3ボール1ストライクの時はどうするタイプか。さらに、前の打席にストレートで打ちとられたなら、次はどう考えて打席に立つ男なのか――などなど。それはまさしく、人間を読む能力なんだ。

この、「観る」能力に長けていたのが古田だった。ベンチでもよく声を出していた。あたりまえだが、応援や鼓舞じゃない。気づいたことを、イチイチ口に出していたんだ。

「今、変な投げ方しましたね」

「さっきより、バット短く持ってるなぁ」

「引っ張りにきてる」

実は古田については、若い時、みんなの前で褒めたことがあるんだよ。移動の際、本を読んでいてね。野球選手といえば読むのは漫画か週刊誌だと思っていた私だけに、それを評価したんだ。同時に、コイツは鍛えがいもあるぞと思った。

そして、前述のように、古田には1球の根拠でも、それ以外のことでも、確かによく叱った。「お前のせいで負けたんだ！」「今すぐ荷物まとめて帰った方がいい！」とかね。だって、私が怒るのは、捕手しかないいんだよ。当時の内野手と外野手だけでなく投手も、古田の半分も怒られてないはずだ。なぜって、捕手だけが、他の8人とは違う方向を向いているだろう。そして、9人のスタメン選手の中で、捕手だけがファールグラウンドに出ている。これは意味のあること。捕手は、投手だけじゃなく、グラウンド全体を統べなきゃいけない、特別なポジションなんだ。**野球に監督はいても、実際ダイヤモンドを舞台にドラマを導く脚本家は捕手なんだ。**言わずもがな、口調も評価も厳しくせざるをえなかった。

だが、4年目くらいからかな。私からもこう聞くようになった。「お前はどう思う？」。いつしか古田は、配球について、自分の考えを出せる男になっていた。これは私だけではないだろうが、2004年のプロ野球ストライキの時も、それを感じたわな。しっかり周りや人を見て、最後は自分で決断出来るようになっていた。まあ、私から古田に配球のことを聞くのは、あくまで偶(たま)にだったけど。

⚾

「あれは、誰や？」「どんな投手なんや？」。私は思わず、口に出して聞いていた。そして、答えたのは横に座っていた男、古田だった。

2019年7月11日、私は神宮球場のベンチにいた。ヤクルトの球団設立50周年を記念したOB戦『オープンハウス presents スワローズ ドリーム ゲーム』。そのイベントに、私も出席。ヤクルトのOB達を2つに分けて対戦する趣向で、私は片方の「GOLDEN 90's」の監督を務めた。一方の「Swallows LEGENDS」は若松（勉）が監督を務めたな。

私が、今の野球に詳しいかと言ったら嘘になる。私よりは現役に近い古田が、私に教える。相手選手の特徴を、癖を。それだけじゃない、試合前、古田は私に、ある提案をしてきた。

「監督、試合に出ましょう」

そんなこと言っても、私は前の月に84歳になっていた。足腰もヨボヨボだった。古田は続けたね。

「打席まで、僕らが一緒にお供しますから」

私は答えていた。

「……行こうか！」

打席に立った私は、2球目を空振りしたが、結局は投手の松岡健一が、申告敬遠したよ。よくよく考えたら、私は監督だったわけだから、ヤクルトのユニフォームでゲームの打席に立つのはこれが初めてだったんだが、感じるものがあったよ。私が率いていた頃のヤクルトも知るだろう観客が、何万人と集まったんだからな（＊157頁の写真）。

記者の人によると、古田はこう言っていたらしい。

「（野村）監督がベンチにいても、よく見えない人もいたろうし、グラウンドの姿を観たい人もいたでしょうから。監督も、感激してましたよ」

まったく、周りがよく見えておるわい。決断も含めてな。

○言いにくい言葉こそ、その人の原動力になる

「お前が少しでも変な投球をすれば、世間から八百長と見られるんだぞ」

「江夏の21球」は知っているよね。1979年、広島VS近鉄の日本シリーズ第7戦、最終回での攻防のことだよ。スコアは4―3。ピッチャーは江夏（豊）。攻める近鉄は無死満塁とした。江夏は1死を取ったが、ピンチは続いていた。

一般的にポイントとされるのは、次の打者（石渡茂）が、2球目でスクイズを狙おうとしたところを、江夏が投球の途中でそれに勘づき、咄嗟にコースを大幅に外し、石渡のスクイズを失敗させるシーンだ。巷間、言われるのは、江夏が投げる予定のカーブの握りのままボールをウエストし、スクイズを外したという、名人芸としての視点のそれだ。江夏自身が、そうしたと言っているよね。

だけど、私はこれには懐疑的だ。理由は二つ。一つには、江夏が右足を上げ、視線を地面に落としてから投げる投手であること。だから、走者の動きを察するまでにコンマ数秒だろうけど、時間がかかるんだよ。もう一つは、江夏がカーブを投げる際は、しっかりボールを握る男であること。だから、即座にコースを外すことは難しいはず。

だが、とにかくこの時、江夏のカーブは高めに浮いて、コースは外れ、スクイズ失敗とな

った。私としては、この時の3塁走者（藤瀬史朗）のスタートが早すぎて、江夏が投げる瞬間、視界に入ったか、江夏が藤瀬のスタートの瞬間の客やベンチの声に反応したのか、そのどちらかと見ている。つまり、私見では、こういうことになる。

「江夏の21球」のクライマックスの球は、カーブのすっぽ抜けだったと。

選手、そして監督生活をしていれば、そんな不可思議なシーンに出くわすことは多々ある。あれは1960年代後半、南海時代の試合だ。調子の良かった相手投手が、急に四球を連発したり、内野手がスタンドに飛び込むような悪送球をしたり……。

「不思議なこともあるもんだ。まあ、何百試合とやっているわけだからな」

私自身は、そう思っていた。あの報道が出るまでは。

1969年から70年にかけて、野球選手による八百長行為が明らかになった。『黒い霧事件』というやつだ。発端は1969年10月8日、読売新聞に以下の内容の記事が載ったことだった。

「西鉄のN投手が暴力団にそそのかされて八百長をおこなっていたと判明したため、球団は解雇した」

N投手はコミッショナーからも永久追放処分を受けたんだけど、翌年、さらなる激震が起きた。N投手が週刊誌（『週刊ポスト』4月10日号）で、「自分は八百長の首謀者じゃない」と、他の関与者の名前を列挙。結果、西鉄から続いて3名の永久追放者と、2名の出場停止処分が出たんだ（＊他1名に厳重戒告処分）。その時、私の脳裏に蘇って来たのは、先に記した四球の連発や、どう考えても妙な悪送球だった。だけど、そもそも野球で八百長なんか、そんな上手く行くもんか。れっきとしたチームプレーであり、全権を握っているのは監督。１、２人の選手が八百長をしようとしたところで、全体を動かすことは不可能だ。実際、後の報道によれば、八百長が上手く成立したのも、せいぜい１、２試合と聞いた。だが、この事件が球界に与えたダメージは極めて大きかった。観客は激減。１９７２年には西鉄のオーナーが球団経営から身を退くことになる。

「江夏、要りまへんか?」

南海で兼任監督をやっていた私に、そんな電話がかかって来たのは、１９７５年のシーズンオフのことだった。相手は阪神タイガースの吉田義男監督。

「江夏って、あの?」

「そう、あの江夏でんがな」

当時の江夏は阪神で、プロ9年目の27歳。その年も前年も、それぞれ12勝を挙げていた。ところが、阪神は放出の意向という。

私が球団社長に相談すると、「天下の江夏だ。ぜひ欲しい」。私は次に、彼の身辺を調べてもらうようにした。というのは、黒い霧事件の時に各球団に色々と調査が入ってね。江夏も野球賭博疑惑のあるその筋の人々との交流を取りざたされていたんだよ。ただ、こちらは大丈夫だった。

漏れ聞く話によれば、江夏は当時の阪神球団の首脳と上手く行ってなかったという背景があったようだ。これには相性もあるし、本人が血行障害や心臓疾患を患っていたこともある。それとこの時期、待望の赤ちゃんを、僅か生後13時間で亡くしていたんだね。精神的にも、辛い状況だったわけだ。まして阪神は生え抜きの球団だし、なんで俺が出されなきゃいかんのだという気持ちもあったと思う。野球以外のところで、多くを抱えていたんだ。

獲得のために江夏に会った私は、だから、いきなりこう言ってみた。

「お前、あれ、わざとボール球、投げたやろ？」

その年の阪神VS広島の一コマだった。江夏は1死1・2塁で、後に親友となる衣笠祥雄を打席に迎え、フルカウント。その試合をサンテレビで観ていた私は思った。

（衣笠は必ず振って来る。だから、江夏はわざとボール球を投げる）

その通りになり、衣笠は三振。2塁ランナーはスタートしており、捕手がそれを3塁で刺してダブルプレーが成立した。江夏の胸中もドンピシャだったようだ。驚いた表情で、私に言った。

「どうしてわかったんですか？　そんなこと言われたの、初めてですよ」

江夏の目に一種の輝きが戻ったのを、私は見逃さなかった。

翌年、江夏は南海のユニフォームを着ていた。それだけじゃない。ほどなく、私の住んでいた大阪府豊中市のマンションに引っ越して来た。それからは球場から帰っても、そこからまた、リードを含めた野球談議に興じたもんだ。夜通しね。

同じ近隣に住んでいた選手は、もう1人いた。柏原純一という選手だ。私が兼任監督2年目の1971年に入って来た。ドラフト8位指名の外野手だったけど、私は彼を買っていた。というのは、同期入団に名門・箕島高校時代に甲子園のスターとして名を馳せた島本講平という選手がいたんだけど、柏原が、音もなく彼に近づく姿を何度か見ていたんだ。

その時、島本は、熱心な打撃コーチの指導を受けていた。期待の選手だったからね。柏原はその教えを、耳をそばだてて聞いていた。（コイツは見込みがある！）そう思ったね。

目をかけてやるようになると、あれよあれよという間に才能が開花し、6年目（1976年）には1軍のレギュラーに（＊124試合出場）。ところがその年の後半、不振に陥った時期があった。私は彼に意見しようと思い、試合が終わった後、彼の自宅を訪ねた。ところが奥さんに言わせると、まだ帰ってないという。だから、そこで待たせてもらうことにしたら、柏原から電話があったんだ。「ちょっと代わって下さい」と、私は頼み、受話器に向かって言った。

「どこをウロウロしとるんや？　早く帰って来い」

「お前は誰や！」

夜の街で、酒を飲んでいたようだった。

「監督の声がわからんのか！」

びっくりして大急ぎで帰って来た柏原に、私は説いた。
「プロにはホップ、ステップ、ジャンプの3段階がある。ホップはプロ入りしたばかりで、まだ何もわからない卵の状態。ステップはプロの厳しさに直面した段階。そして、ジャンプが1軍に上がり、スタメンの固定メンバーとなれるかの時期だ。お前はまさに今、このジャンプの時機にある。ここから先は、朝から晩まで、いや、極端な話、寝ている間も野球のことを考えるようでなくては、一流にはなれないぞ！」

酒席からの帰りということもあったが、私には柏原が1軍に上がっただけで、ある程度満足しているようにも見えた。だからこの説諭をぶつけたんだ。彼の奥さんから電話がかかって来たのは、それから数日後のことだった。
「監督さんの近くに引っ越したいのですが、何とかなりませんか？　主人を朝から晩まで野球漬けにしたいのです。2人で相談して決めました。なんとか宜しくお願い申し上げます」

隣のマンションに空きがあったので紹介すると、1週間もしないうちに柏原は引っ越して来た。だから、そこから1年近くは、江夏、柏原と、帰って来る時はもちろん、出かける時も3人一緒ということが多くなった。我が家で野球談議はもちろん一緒。即席のコーチングをおこなうこともあったよ。「ちょっとバッティングを見て貰えませんか」って、柏原がバット持参でやって来ることも多かったからね。

江夏が同じマンションに住み始めたきっかけを、言ってなかったね。南海に来て、まだ日の浅い時だ。ある試合で、江夏はランナー満塁、カウント3ボール2ストライクの場面を迎えていた。私は「困ったら原点」と、アウトコース低めのストレートを要求。ところが江夏は次の1球、とんでもないところに投げてきた。ボール。結果、押し出し四球で、南海は負けた。私は、もしやという不安がよぎり、帰り際、江夏を自分の車に押し込んだ。そして、聞いた。

「お前、まさか八百長をやっとらんだろうな？」

江夏は「まさか」と一笑にふしたが、私の剣幕をみて、ただならぬことと感じたのか、次に口調を変えた。

「天地神明に誓って、やってない」

頼まれたことは、昔、あったという。阪神VS巨人の試合だったが、あれよあれよという間に、自分が完投勝利をしてしまったそうだ。「殺しに来るなら来やがれ」と思ったが、何もなかったという。私は言った。

「わかった、信じよう。だが、お前が少しでも変な投球をすれば、世間から八百長と見られるんだぞ。口で何百回、『やってない』と言っても無駄だ。誰も信じてくれやしない。お前が失った信用を取り戻すには、マウンドできっちり証明するしかないんだぞ！」

その時は黙っていたが、江夏は後日、こう言って来た。

「あんな言いにくいことを言ってくれた監督は、あなたが初めてだ。『この人は信頼出来る』と思った」

江夏が私のマンションに引っ越して来たのは、それからしばらくしてのことだった。

1977年9月25日、私は突然、南海監督の解任を通告された（＊正式な解任は9月28日）。知られる話だろうが、先方が言うには、「野村監督の女性問題、公私混同が更迭の理由」とのことだった。まだペナントレースは2試合残っており、「せめて最後まで（指揮を執らせてくれ）」と訴えたが、ダメだったよ。私はチームを離れ、帰阪。27日より自宅マンションに閉じこもった。

そこに合流して来た男たちがいた。江夏と柏原だった。3人で、9日間、籠城したっけな。そして、私がチームを去るとなると、2人とも「なら（南海を）辞める」と言って譲らなかった。私に関してはロッテが声をかけてくれ、3人一緒の移籍も申し出たが、先方がクビを縦にふらなかった。

柏原はロッテ行きに執着していたようだが、保有権を移す形で日本ハムに移籍。江夏はとにかく南海を出たいようで、広島に金銭トレードとなった。

柏原はその後、日本ハムで4番を打ち、江夏は広島でリリーフエースになったのは周知の通りだ。

冒頭の「江夏の21球」。キーポイントとなった球が、カーブのすっぽ抜けであることは、私は譲る気はないんだよ。しかし、あの試合で江夏は、投球術の死力を尽くし、そして、巡り巡っての移籍先の広島を、初の日本一に導いた。胴上げ投手としてね。だから、こうも言わせて欲しい。

あのカーブのすっぽ抜けは、彼のそれまでの波乱の人生と、それに負けぬ奮励が導いた、奇跡の1球だった、ということをね。

第2章　煽り　〜ボヤく、ノムさん

数々の名勝負を繰り広げた長嶋茂雄監督と

○広告・報道されないものは、ないのと一緒

「MAKE DRAMAなんて、〝負けドラマ〟やで」

挨拶は大事や。だが、そんな当然のことも、時と場合によるかも知れない。

1999年4月2日、私はセントラル・リーグの開幕戦に臨んだ。試合前のセレモニーで、両チームが見合って整列し、両監督に花束が渡される。だが、監督同士、握手を交わすことなく、そのまま私は背を向けたよ。目を合わせないのも、もちろんだった。

お相手が長嶋茂雄・巨人監督。そして私は、就任したばかりの阪神監督だったからね。報道には、こうある。

「対決ムードを一層高めていた」（『毎日新聞』1999年4月3日付・大阪朝刊）

⚾

私の現役時代、野球界の人気は、まさに巨人一党体制だった。それを最初に痛感したのは、1959年6月25日だったかも知れない。熱心なファンならおわかりだね。後楽園球場で、巨人VS阪神の天覧試合がおこなわれた日だよ。同じ日、わが南海ホークスは大阪球場で近鉄バファローズ戦だったけど、観衆はわずか2753人だった。因みにこの年、ホークスは日本シリーズで4連勝して巨人を破っているんだけどね。

他にもこんな例がある。私がプロ22年目、王に続き史上2人目となる通算600号ホームランを放った時だ。私はマスコミを前に語った。

「王や長嶋はヒマワリ。それに比べれば、私なんかは日本海の海辺に咲く月見草だ」

私の口説の中でも、もっとも有名なものじゃないかな。1975年の5月22日、日本ハム戦でのことだった。

ところがだ。私のこの記録も言葉も、スポーツ新聞の一面を飾らなかった。翌日の東京の各紙が一面で伝えたのは、以下の内容のニュースだった。

「長嶋監督率いる巨人が、球団史上、初の2ケタの借金を背負った」

◎

「広告されないもの、報道されないものは、ないのと一緒」

私は、エッセイストの山本夏彦さんのファンなのだが、氏とお会いしてお話しした時、印象に残った言葉がこれだった。積年、球場に閑古鳥が鳴いていたパ・リーグだったから、私だって、それを手をこまねいて見ていたわけじゃない。先の「月見草」発言だって、色々考えたんだ。

まず、600号の感想を言う前に、「自分がこれまでやってこられたのは、長嶋や王がいたからだ」とした。これで、記者の興味を一気に引き込む。続いて、当時のパ・リーグの現状に触れながら、

「彼らはいつも人の目の前で華々しい野球をやり、こっちは人の目にふれないところで寂し

く野球をやってきた」

そして、ここからが大事なところ。実は太宰治の『富嶽百景』の一節「富士には月見草がよく似合う」からヒントを得たんだよ。月見草は故郷の京都の片田舎に、それこそひっそりと咲いていたし、まさに打ってつけだった。そして、対を成す花だが、これは実はサッチーの発案だった。「月見草が陰だとしたら、光り輝く花は何だと思う？」と尋ねたところ、「ヒマワリ」と即答したんだな。結果、コメントの続きはこうなった。

「花の中にはヒマワリもあれば、人目につかないところでひっそりと咲く月見草だってある。王や長嶋はヒマワリ。それに比べれば、私なんかは日本海の海辺に咲く月見草だ。自己満足かもしれないが、そういう花もあっていいと思ってやってきた」

繰り返すが、この「夫婦の共作」も、長嶋巨人の2ケタ借金のニュースに負けた。

だから、1989年末、ヤクルト監督に就任した際、私は相馬和夫球団社長に言った。

「アンチ巨人を、どんどん打ち出しますから！」

当時のマスコミの巨人偏重姿勢。これを逆に利用すれば良いと思ったんだ。

それから先は、読者の方がご存知かも知れない。いやいや、言葉自体はまだしも、私がアンチ巨人を標榜し、そういった〝口撃〟をし続けたということはね。だから、ある程度は幅の広い層にインパクトを与えられたのだと自負している。

「天性とひらめきだけのカンピューター野球に負けてたまるか」

第2章

煽り　～ボヤく、ノムさん

「あれだけの戦力で勝てないのは、何か問題あるんじゃないか?」

「強力なチームでも、機能しなければ意味がないよな」

「『開幕15試合を10勝5敗で』? 監督の仕事はそんな夢を語るんじゃなくて、チームがダメになった時の危機管理なんだけどな」

楽天の監督の時には、相手の巨人が2点ビハインドの9回2死1塁から盗塁させて刺されて試合終了。思わず、

「バッカじゃなかろかルンバ～。巨人は面白い野球をするね　野球は意外性のスポーツ」

と言ってしまったこともあったね。

とはいえ、右記でもわかるように、挑発の対象は、主に1人だった。そう、1993年より2度めの巨人監督を務めた〝ミスター〟だ。

私がヤクルト監督8年目の1997年は、まさにその人物ゆかりの女性がインタビューに来たよ。長嶋監督の娘、三奈さんだ。私は知らなくて後から調べてもらったんだが、この年の4月から、『ニューステーション』(テレビ朝日)が、毎週金曜日のみ、女性スポーツキャスターを置くことになったらしい。私が取材を受けたのは、まさにその4月(17日)。ほぼ一発目で、私のところに話を聞きに来るとは、周りも当然、「長嶋の娘」ということを意識していたんだろう。だから、いきなり、言ってやったわい。

「お父さんに言われて来たのか? どうや、オヤジさんの機嫌は。余裕あるやろ」

この年の巨人は、西武から清原和博、近鉄から石井浩郎、ロッテからは前年14勝のエリッ

ク・ヒルマン投手を補強していたからね。大型どころじゃない。超ド級補強やで。先方は私への配慮もあったかもしれないが、おどけるように明るく答えた。

「(ヤクルトが開幕ダッシュしているので) 監督の背中が見えませんよ〜」

いずれにせよ、ここは巨人VSアンチ巨人の図式。私は最後にこう言ってやった。

「オヤジさんの顔を見ないと、こっちも気合いが入らんわ」

それは私にとって、気遣いでも冗談でもなんでもなかった。


ヤクルト監督1年目のことだ。

開幕戦のカードはVS巨人だった(1990年4月7日・東京ドーム)。まだ長嶋監督ではなく藤田元司監督だったが、初めてセ・リーグのチームを率いての自分の初戦が巨人なのだから、めぐり合わせを感じたね。だが私は、巨人と対戦することの労苦を、いきなり味わわされることとなった。

8回裏、3—1でリードしていたところ、1死2塁で篠塚利夫(現・和典)の打球が右翼ポール際へ飛んだんだ。そして、わずかにポールの右を通過した。大ファールだと私がホッとしたのもつかの間、1塁塁審のO審判が、右手をグルグル回しているじゃないか!

まさかのホームラン判定に、私はベンチを飛び出した。ちょうどこの年から、セ・リーグは、審判が6人制から4人制に切り替わり、外野の審判がいなくなった。そのことに対する弊害が早速出たことになる。O審判に食ってかかったが、「ポールの内側を通過し、ファールグラウンドに落ちた」の一点張り。今ではインターネットの無料動画の類でも確認出来て、はっきりとファールだとわかるのだけど、この時期のプロ野球はリクエストによるビデオ判定なんてないからね。私は思わず言ってやったよ。

「審判も巨人の選手だと思ってやった方がいいと聞いていたけど、本当だな」

パ・リーグ育ちの私だが、「巨人戦は、10人選手がいると思ってやった方がいい」とは、それこそ1960年代から聞かされてきた。この件は、今では世紀の大誤審の一つと言われて、O審判もこの年限りで辞めたけど、戦っている方は、そういう問題ではなかった。結果、得点が認められて追いつかれ、ゲームは延長戦に突入。延長14回に押し出し四球で、結局ヤクルトは負けてしまったんだ。

因みに、翌日は延長12回に、今度はサヨナラホームランで負け。しかも打ったのは、それまでプロ安打0の投手、木田優夫だった。ついでに言えばこの年の9月8日は、同じ東京ドームで巨人と戦って、延長10回でサヨナラ負け。すると、藤田監督の胴上げが始まった。そう、優勝決定試合だったんだよ。

「巨人も、他の4チームと同じ。だから、星が五分で行けば大丈夫」みたいな考えもあるかもしれないが、私にとってそれは違っていた。ヤクルトと巨人の年ごとの対戦成績を列挙してみると、1994年は巨人の15勝11敗。1995年はヤクルトの17勝9敗。1996年は巨人の19勝7敗。1997年はヤクルトの19勝8敗。そして、この4年間は、ヤクルトと巨人、それぞれに勝ち越した方が優勝しているんだ。

誤審の件もあるけど、逆に1995年には、開幕戦こそ巨人の斎藤雅樹に完封負けしたけど、2戦目は桑田真澄が危険球で退場したのち逆転勝ち。3戦目も獲って勝ち越せた。既に巨人との合縁奇縁を感じていた私は、この時、選手たちに、こういって発破をかけていた。

「巨人との開幕戦は（当時の全試合数）130分の1じゃない。130分の130だと思って戦え！」

この年の4月は14勝5敗という好スタート。その後も調子は落ちることはなかった。長嶋監督は7月に、「ヤクルトは必ず落ちて来ます。秋には必ずメークドラマしますよ」とコメント。前半戦で巨人と7・5ゲーム差の首位に立っていたヤクルトの好調もあり、私は言い返した。

「（長嶋監督の言う）MAKE DRAMAなんて、〝負けドラマ〟やで、ローマ字読みすりゃ」

そして迎えた9月30日、神宮球場での巨人戦に5―0で勝利し、ヤクルトは優勝を果たした。神宮球場は帰途につく時、左翼席裏のクラブハウスまでグラウンドを歩いて戻らなきゃいけない。巨人軍が帰るその横で胴上げされるのは、やはり気分が良いものだった。

翌日の新聞には、「メークドラマならず」の文字も躍ったよ。これも私にとっては、一種の褒め言葉だったかもね。

長嶋監督との戦いは、ヤクルト監督退任後も続いた。

冒頭のように、1999年から阪神の監督としてね。そしてお互い、2001年のシーズンを最後に、セ・リーグの監督は退いた。実は長嶋監督のラストゲームは私が率いた阪神戦なんだよ（10月1日）。甲子園で、5—0で勝利した。最後こそ勝ったけれど、監督としての通算戦績は109勝131敗だった。悔しくないと言えば絶対に嘘になる。学年で言えば同い年だしね。

そんな長嶋の野球に対する考えに触れる機会が、その2年後にあった。全日本野球会議の、指導者講習会というのが催されてね（2003年1月18日・幕張メッセ）。当時、日本代表の監督だった長嶋が講師役。私は聞き手として席に座っていた。私は私で、社会人野球、シダックスの監督だったこともあってね。

「欠点には目をつぶって」「肯定的な見方で指導すべき」等々……。なんとも彼らしい、長嶋節が全編にわたって炸裂。私は、当時の新聞の取材に、こう感想を述べていた。

「組織、リーダー、育成の哲学を聞けなかったのが残念。それにしても、結論が出て来ない山手線型トークで、イライラしたわ……」

やはり監督としては水と油だったかも知れない。私的な感情を殺してでも客観的に理論で推し進めて来たのが私。対して長嶋は、やはり、その時の感覚、感情で生きているとしか思えなかった。

⚾

その長嶋と、再びグラウンドであいまみえる日が来た。2018年2月10日。場所はサンマリンスタジアム宮崎。カードは巨人VS南海。付言するまでもなくOB戦だった。宮崎キャンプ60年と銘打った巨人の主催だったんだが、試合前、控室のドアをノックする音がする。

「ノムさん、元気?」

巨人側の総監督の長嶋、そして王、張本勲だったよ。

「激励に行きました。奥さんを亡くしたこともあったし、元気がないかも知れないからね」

と、長嶋は新聞で語っていたな。いちいち言わんでもいいのに。変わってなかったね、感情が優先するところは。

反面、この時の私は南海側の総監督。3—11で大敗して、

「所詮、小さな祭りじゃ」

「意義があるとすれば、参加すること」

「見ての通り、試合はつまらなかった」

「(OB戦は)やっぱり無理があるよ」

などなど、13分間もボヤキ続けていたらしい。

どうだ、ちゃんと客観的に観ているだろう?

○なりふり構わぬ相手には、底意ある〝口撃〟

「東尾は何をやって来るかわからんな。博才だけはあるから」

「野村再生工場」

1990年代のヤクルトは、よくそう称された。他球団でダメになった選手をヤクルトで復活させ、勝ち星を稼ぐ……。そんな手法を指してね。他から見れば、そこには一種の賛辞も入っていたと思う。だけど、当の現場はそれどころじゃなかった。

ヤクルトという球団は、現在もそうだけど、決して裕福ではないからね。選手の獲得についても、〝補強〟というよりは、〝補充〟だった。つまり、使える選手、もしくは使えそうな選手でやりくりしているうちに、そんな呼称がついて行ったわけだ。監督の私も当然、金庫事情はわかっていたから、決して球団にワガママは言わなかったと自負している。生来の貧乏性もあるかも知れないけれど……。

そんな私が、球団に唯一、お願いをしたことがある。それは、1997年の日本シリーズの時だった。

この年、我がヤクルトは、2年ぶりにペナントを制覇。日本シリーズでの相手は、西武ライオンズとなった。西武とは1992、93年も、シリーズで相まみえている。この時の監督は森祇晶(まさあき)でね。私と同じく捕手出身。だから、〝タヌキとタヌキのだまし合い対決〟と言われたもんだ。

これは、私と森が捕手出身だからだろう。森は研究熱心でね。巨人の捕手時代、阪急と日本シリーズを戦う時、内密に私に攻略法を聞きに来たことがある(＊当時南海所属)。夜通し質問攻めにあったよ。徹夜させやがってと思ったけれど、不安から来る熱意だよね。常に最悪の状態を予期して対決に臨むというか、大一番を前に、準備出来るところは水も漏らさず準備をしておく……そういう意味では、私に似ていると言っていい監督だった。

しかし、さっぱり似ていないところもあった。

森は、あんまり喋らないんだな、マスコミに対して。無愛想ってわけじゃないんだけど。じゃあ誰と比べてかと言えば、私だ。だから、記者さんには、こう言ったことがある。「向こうは巨人育ちだから、黙っていてもそれはそれで絵になるんだな。こっちは南海育ちだから、すぐペラペラペラペラ喋っちゃう」

先の項にも触れたけど、パ・リーグはそうしないと報道も取り上げてくれないからね。これは私じゃないけど、パの打者で、「日本シリーズで巨人と当たる際は、2ストライクまでは待つ」という選手がいたな。理由は「そうすればテレビに長く映るから」って。

そんな出自と、先般のアンチ巨人を利用した広報戦略もあいまって、この1997年には私の〝口撃〟も、多様な進化を見せていたのかも知れない。私はシリーズ前に、西武の当時の監督である東尾修に対し、紙面を通じてこう言った。

「東尾は何をやって来るかわからんな。博才だけはあるから」

彼の麻雀好きの過去を言ったものだった。

実際、彼に限らず、野球選手は賭け事が好きなんだよ。試合が終わっての過ごし方は、それかお酒を飲むか、女性のいる店に行くかだと言っていい。現に西武で東尾と一緒だった時（1979～1980年）、キャンプで田淵幸一とルーキー2人と、徹夜で麻雀をよくやっていた。私はその3つは全部ダメだから、バルコニーに出て素振りしてやったよ、嫌がらせにね。

だが、97年に発したこの言葉は、底意のあるものだった。東尾のなりふり構わぬ姿勢を恐れていたんだ。

⚾

彼とは西武時代、当然、バッテリーも組んだ。ところがアイツ、ビーンボールばかりを投げよる。こうも多投するのは、どうもおかしいと思った私は、彼に聞いた。

「お前、手が滑っとるんか？」

彼は答えた。

「わざとですよ。僕みたいに体も小さくて、球も速くない投手が生き残って行くのは、それしかないですから」

挙句、ついた異名が、〝ケンカ投法の東尾〟。通算与死球は165個で、これはぶっちぎりで歴代1位らしい。

そんな男が監督をしているのだから、勢いに乗らせると怖い。時の西武の特徴は、それをチームとして可視化したかのように、次の塁を狙う積極走塁。1番・松井稼頭央（現・2軍監督）、2番・大友進、3番・高木大成を中心に、なんとまあ、シーズンのチーム総計200盗塁やで。私は知らなかったが、この年の西武のチームスローガンは、『Ｈｉｔ！　Ｆｏｏｔ！　Ｇｅｔ！』だったらしい。

年齢も15歳下で、私が当時の選手たちにとって、父親を思わせる世代であれば、彼はまさに兄貴分。エースの西口（文也）には「10勝したら100万円出す。その後は1勝につき100万円」と言っていたとか。札幌遠征の際は、「活躍した選手はススキノに連れて行ってやる！」。ニンジンぶら下げ作戦やで。悪いとは言わんけど、私とは選手の操縦方法が違っていたよな。

そこで、そんな東尾の若さに着目して、私は煽ったわけだ。そして、もちろん、こちらの焚き付けに乗って来た場合の対応もぬかりはなかった。

第1戦の先発を石井一久にしたのも、その一つ。彼はクイックで投げるのがチーム内で一番速かったからね。盗塁阻止は投手と捕手の共同作業。モーションの大きい投手だと、いくら捕手が頑張っても進塁を許してしまう。でも、石井が出て来たことで、最初から盗塁に壁を感じさせたとは思う。

それでも走って来るだろうと思ったから、それはそれで徹底的に刺した。結果、西武はこのシリーズ６度盗塁にトライして成功は３つ。十分機動力は封じることが出来たと言っていいんじゃないかな。他にも、左投手が苦手だという西武のペナントレース中のデータがあったから、それも重視した。すると、石井一久、山本樹（たつき）、加藤博人の左腕３人に、西武は20イニング無得点。シーズンでの弱点を、西武は是正してなかったんだよ。こちらの挑発通り、さっぱり裏をかくことなく、そのままで向かって来た感があった。そりゃあ、博打のこと言われちゃあ、腹も立つよなあ。私も今、振り返ると、少々、失礼なことを言ってしまったと思っているんだが。

結果、４勝１敗で、ヤクルトがシリーズを制した。私は言った。

「今までの日本一の中で、今回が一番嬉しい」

実はね、東尾が監督になったのは１９９５年なんだけど、そこで引っかかる言葉があったんだ。就任に際し、当時の西武の堤オーナーが、東尾にこんな激励をしたと聞いた。

「ぜひ明るく、面白い野球をやって欲しい」

面白い野球ってなんだ。明るければいいのか？　ネアカじゃなきゃダメなのか。自称・月見草の私だ。そういうスタンス自体が、野球の本質から外れていると思った。つまり、もしこの西武に負けたら、それまでの私は全否定されることになる。だから、負けられなかった。

そして、この年の日本一が今までで一番嬉しかった理由が、もう一つあった。

「得意の時、すなわち失意の悲しみを生ず」

中国の雑学書、『菜根譚（さいこんたん）』からの成句だ。物事が上手く行って得意になっている時、既に失敗する芽は生まれている、という意味だよ。それは、１９９３年からのヤクルトの順位そのものだった。１９９２年、93年の連覇から、94年は４位、翌年が１位、その翌年が４位、そのまた翌年が１位。優勝とＢクラスをかわりばんこに行き来したんだ。

ヤクルトは巨人みたいに、一流選手があり余るほど豊富ではなかった。つまり、優勝は、現有勢力が全力を出し切ってのもの。すると、翌年は疲れが出たり故障者が出たりで。同じようにどころか、それ以下の戦い方を余儀なくされる。もちろん、優勝したり日本一になって満足してしまったことでの、私の慢心、過信もある。

まさに、絶頂にある時、既に失敗の予兆は出ていたんだ。だが、そうせぬために新たに陣容を揃えようとしても、なかなか無理があった。ＦＡ（フリーエージェント）制度が93年のオフから導入されたからね。同時代を生きた人ならわかると思うけど、当初、恩恵をこうむったのは巨人。落合博満（中日）に川口和久（広島）に、ヤクルトからは広澤克己（現・克実）まで、巨人に出て行ったよな。この時、私は広澤に言ったんだよ。

「巨人は生え抜き意識が強いから、ＦＡで行ったところで、所詮、よそ者扱いやで。ヤクルトにいれば監督の目だってあるんだからやめておけ」

だが、それでも広澤は行きたがった。「子供の頃からの夢だ」と言うんだよ。しゃあないなあと思って、それ以上は止めなかったけど。結果、94年と96年、巨人はペナントレースを制したね。96年なんて長嶋さん、日本一になったら、ビールかけじゃなく、シャンパンファイトを目論んでいたらしい。「メジャーリーグもやっていますから」だって。残念ながら日本一にはなれず、未遂に終わったけど。もちろん私は、他の監督同様、この時期には捲土重来を期していた。ところがこの年のオフに入って来たのが、これまた他球団を暗澹とさせるニュースだった。

「清原、ＦＡで巨人へ」

『呉子』という書物がある。中国の兵法書だけど、中に、集めるべき人材について、こう諭してあった。

「功ある者を集めるより、功なき者を集めよ」

弱小軍団の将には、なんとも心強い言葉だった。しかも、集めるタイプについても言及していた。

「肝の据わった者」

「好んで戦う者」

「高く跳んだり、遠くまで行けたり、よく走る者（特殊技能に優れた者）」

「地位を失い再起を図ろうとする者」

「敗走の汚名をそそぎたい者」

振り返れば、90年代中盤より他球団からヤクルトに入って来たメンバーは、そんな選手たちだった。吉井理人（元近鉄）、田畑一也（元ダイエー）は投手として肝が据わっていたし、パワーがあってチャンスに強い小早川毅彦（元広島）はまさしく好戦的なタイプ。辻発彦（元西武）の守備と右打ちは名人級だし、廣田浩章は巨人を戦力外になった後、ダイエーを戦力外になっての再々スタート、野中徹博（元中日）に至っては台湾にまで渡っていたからね。

自明のことだが、私は『呉子』に沿って選手を集めたわけじゃない。だが、「功ある者を集めるより、功なき者を集めよ」とは、言い換えれば、適材適所に選手を配置させれば、それで戦えるという意味だったんだ。それだけに、97年は考えに考えた年だったし、思いもひとしおだったよ。

⚾

日本一になった私は、その夜、都内ホテルの祝勝会会場で、酒を浴びた。だが、ビールじゃない。その名も高級酒、「ドン・ペリニヨン」。そう、ビールかけじゃなく、球界初のシャンパンファイトをおこなったんだ。

選手たちの中には、「例年通り、ビールかけがいい」という者もいたけど、ここは、私が球団に、日本一になったらの条件付きで、実現を訴えたんだよ。これが、私がヤクルト球団にした、唯一のお願いだったかも知れない。

プロ野球界史上初という枕詞は永遠につく。前年、やろうとした球団があったみたいだけどね。正直、それも知っていて、こうなった。法外な金を払って戦力を集めたわけじゃない。このくらいのワガママは、聞いてもらって良かったんじゃないかと、今でも思っている。

○「運が強い」とは、もともとある運にプラスアルファを重ねること

「マーくん、神の子、不思議な子」

私が縁起を担ぐタイプだと言うのは言ったよね。勝てばパンツを替えない。球場入りへの道のりは変えない……。背番号にしても、それは一緒だった。

プロ入りして最初に付けられた背番号は、60。嫌だったね。今でも、「大きい背番号は、下手」みたいに見られる風潮があるじゃないか。しかも当時は、数字の上に選手の名前が英文字で入っていたりはしない。ただの60だ。文字通り、数字イコール選手。なおかつ、この数字は西鉄の三原脩監督がつけていたものだから、私は2軍戦で地方に行った時、観客にこう言われたことがある。「このチームでは、あいつが監督なのか?」。当時から少々の老け顔だったのかも知れないが、なんとも情ない話だよ。

唯一、前向きに捉えられるとすれば、その時、同時にテスト生として入団したメンバーの背番号は、みんな60番台だったんだ。つまり、その中では、私が一番若い背番号ということになる。そう思って自分を慰めていた。だから、3年目に背番号が「19」に変わった時は、嬉しかったよ。「〝19と言えば野村〟と言って貰えるように頑張る」と、決意を新たにしたもんだ。結果、選手としては、それなりのものは残せたと思っている。とはいえ、これは他の

書籍にも書いたんだが、私の「19」は、永久欠番になってはいない。まあ、南海の身売り云々もあるからかもしれないけど、実績を残した大物選手が引退するたびに、永久欠番への期待の記事が出る風潮には、それゆえ私も一家言あるんだよ。そういう議論は、少なくとも数字の面で私を超えてからにしないか、とね。


さて、私は現役時代、ある占い師にこう言われたことがある。

「野村さんのラッキーナンバーは、10ですよ」

「だったら、背番号も、10にした方がいいですか？」

「いえ、足して10になる数字も含みますから、今の19は良い数字です」

なるほどと思ったね。だから、ヤクルト監督時代の背番号は、「73」にしたんだ（＊監督就任当時は、１９８８年のドラフト2位指名の岡幸俊投手が背番号19をつけていた）。しかし、それ以降は風向きが変わったかも知れんな。１９９９年の阪神の監督になる時は、「82」にしたんだよ。「73」は、もうヤクルトで運を使い果たした感じがしてな。結果はまあ、ご存知の通り。そこで、２００６年より楽天の監督になる際は、思い切って背番号を戻したんだ。「19」にね。私の一番のラッキーナンバー。失地回復には、これしかないと思った。


その年、高校生ドラフト1位指名で楽天に入って来てくれたのが、マーくんこと、田中将大だった。

最初に見た時から、素質があると思ったよ。それは球団入りしてからではない。その年、夏の甲子園決勝で、例のハンカチ王子（斎藤佑樹）と投げ合った試合のことだ。

偶然、テレビで観ていたんだよ。斎藤の方が完成してる感じがあるのに比べ、マーくんは明らかに粗削りだった。だけど、その分、伸びしろがあるように思えた。もちろん、楽天に入って欲しかった。結果はドラフトで４球団の競合。私は、くじを引かなかった。そういう柄じゃないしね。引いたのは島田球団社長だったけど、それを見てもなかったよ。背中を向けていたか、それとも、よそ見をしていたか。だって、なるようにしかならないんだから。だから、引き当てたマーくんには、こんなメッセージを送った。

「人生は縁。弱い球団だから、やりがいがある。楽天に行って（俺が）強くしてやろうという意気込みを持って来て下さい。一緒にやりましょう」

当選のくじにも、こう書いて、マーくんに渡した。「縁」。当時の報道を見ると、マーくんも、入団ＯＫの意志表示とともに、こう言ってくれていた。

「何年も経ってない球団なので、歴史に名を刻めるような選手になりたいです」

私は私で、イチイチ覚えてもなかったが、ドラフトの総括で、こうも言っていた。

「喜ばしい反面、責任を感じている。無理をすると負担が来るので、チームよりも田中君優先で考えたい」

ところが、私は２００７年の開幕５戦目に、早くも、マーくんを先発させていた。当時の楽天は、岩隈くらいしかローテーションピッチャーがいなかったからね（＊この年の開幕戦は岩隈が先発)。チームの台所事情が、どうしようもなかった。巨人やソフトバンクに行っていたら、最初は2軍暮らしで、少なくともこんなに早く先発のチャンスは巡ってこなかったはずだし、言うなれば、これも縁だった。良く言えばだけどね。

ソフトバンク戦で初先発した田中は、試合が始まって50分くらいしたら、ベンチで私の隣にいたな。結果は1回3分の2を6被安打の6失点。2回終了まで持たなかったよ。降板してベンチに戻って来たマーくんの表情は、今でも覚えている。目に涙を浮かべんばかりに、とても悔しそうだった。瞬間、「これはいい投手になる」と思った。こういう時、「しょうがない」みたいな顔をしている投手は、成功しないからね。

「『運が強い』というのは、自分が備えている運の要素にプラスアルファを重ねて行かなければ身につかず、能動的に働きかけて勝ちとったものである」

将棋棋士の芹沢博文さんが贈ってくれた言葉だ。誰にかというと、私にだ。1963年10月17日、南海時代の私は最終戦の最終打席で、近鉄の山本重政投手からホームランを打ち、当時のシーズン本塁打最多記録を更新した(＊52号。それまでの記録は1950年の小鶴誠によるシーズン51号)。この日の私は凡退続きで、最終打席は、敬遠気味に3ボールまで来ていた。向こうだって、打たれて記録に名を残したくないはずだからね。だから、次の球を、私は思い切り踏み込んで振り切った。すると、打球は弾丸ライナーでスタンドへ。前掲の言葉は、この時の光景を、芹沢さんが評してくれたものだった。

「自分が備えている運の要素にプラスアルファ」……これを思ったのが、マーくんだった。不思議議と負けがつかなかったんだよ。先ほどの初先発だって味方が4回までに6点を取って負けが消えた。プロ2戦目は6回1失点（VS日本ハム・4月5日）、同じく3戦目は7回4失点（VS西武・4月12日）で、ともに勝ち負けつかず。

不可思議な感じだったな。それをもっとも感じたのが同年8月3日のソフトバンク戦だ。この日、マーくんは、4回までに5点を失った。ところが、打線が4回に4点、5回に3点をあげ、結局、7―5で勝ち投手になったんだ（9勝目）。私は試合後、報道陣に、こう評していた。

「マーくん、神の子、不思議な子。何点取られるのか投げ続けさせたら、天から神が降りて来た。不思議の国のマーくん。先祖代々、何かあるんだろうな。そういう星の下に生まれている」

自分でも上手いことを言ったと思っている。このあたりからだよな、楽天における、私のボヤキが話題になり始めたのは。

今だから明かすけど、試合途中の7回くらいに、「今日は試合後、何を言おうかなあ」と考えることもあった。記者の皆さん、仙台の皆さんが、それを待っていると思うとね。先述したけど、監督は広報も兼ねている。盛り上がればなあという気持ちだったよ。

中でも、そのピークとなったのは、やはり監督最終年の２００９年だったね。この年の流行語大賞トップ10に、「ボヤキ」がノミネートされたくらいだから。成績も第1章で記したように当時の楽天の最高位の2位。好調であれば、口はそれでよく回る。CS進出が決定した10月3日には、報道陣に、こう促しているんだ。
「バンザーイ！　はい、みなさんも、バンザーイ！　Aクラスに入れたのは御の字。正直に言うと、無理じゃないかと思ってた」
おどけているね。ただ、こんな年でも、私はマーくんには厳しいことを言っているんだ。
「マーくんだけは弱音を吐く子じゃないと思ったが。神の子は取り消し。『マーくん、親の子、普通の子』」（4月30日・マーくんの登録抹消を受け）
「よく首を振るんだよ。だから、『もっと捕手を信頼しろ』と怒ったんだよ。本格派の投手が首を振れば、相手は『真っすぐを投げたがっているな』と思うんだから」（6月3日・阪神の桧山進次郎に首を振ってからのストレートを3塁打にされ、自身もこの年、初黒星となる）
マーくんに最初に惚れ込んだのは、そのスライダーだった。しかし、右にあるように、どうも、若い時は真っすぐで勝負したがる傾向があったんだな。代表的な例がそのルーキーイヤーの2007年、ファン投票第1位（先発投手部門）でオールスター戦に出場した時だ（7月21日）。
地元のフルキャストスタジアム宮城で先発したんだが、2回に6連続を含む7長短打を浴びて6失点。試合前、「自分の投球で行きます」って言っていたんだけど、フタを開けてみれば、直球、直球、直球のオンパレード。相手はセのオールスターやで。見事に打ち込まれたよ。当時の私は、「いい経験をしたな。プロはそんなに甘くないと分かっただろ」とコメントしている。マーくんがこんな1年目を終えた後、私は彼と話をした。

「おい、来年はどうするんだ」

「直球で空振り三振を取れる投手になりたいです」

「いいじゃないか」

私も私で、この時、間違っていた。当時のマーくんは19歳。まだまだ球が速くなると思い、それを容認したのだ。夢があると思ったんだな。だが、投手はスピードを求めすぎると、フォームを崩してしまう。どうしても、力みが出るからね。結果、翌2008年、メジャーを含む彼のキャリアで現時点では唯一の一桁勝利に終わった（9勝7敗）。私は同年末、彼に謝罪し、こんな風に問いを投げかけた。

「150キロをど真ん中に投げるのと、130キロを外角低めに投げるのと、どっちが打たれないと思う？」

答えはもちろん後者だ。外角の低めは、打者から一番遠い場所。ここにストライクを投げられれば、最も危険を少なく出来る。このコースに投げられるスキルを、私自身、「（投手の）原点能力」と名付けているほどだ。

それ以降のマーくんは、コントロール、もっと言えばこの「原点能力」に磨きをかけるようになった。とはいえ、私は3年しかマーくんとは一緒に出来なかったから、コントロールに目覚めたのは、最後の1年ということになるね。その年の私の（監督通算）1500勝目で投げてくれたのはマーくんだったし、しかも完投で、ウイニングボールを手渡してくれたな。ヒーローインタビューでは、「直接、手渡したかったんで」と言ってくれたわ。また、日本ハムとのCS（第2ステージ）では、楽天唯一の勝ち星を挙げてくれたんだよな。これが私の最後の勝ち星となった。ただ、それは今、感慨深く振り返ればというだけのことで、当時は、さすがにマーくんが1勝を挙げてくれた嬉しさよりも、その年に退任する寂しさ、そして、結果的に日本シリーズに進出出来なかった悔しさがあったよ。実際、私は、CSを敗戦で終えた翌日、報道陣に、ボヤいている。ちょうど4日後にドラフトを控えていてね。と言っても私が出るわけではないから、つけて来た背番号の19について、こう言ったんだ。

「楽天では、そんな大した番号に出来ずに終わっちゃったな。（これから他の選手がつけるにしても）もう運がないよ。俺が（運を）使っちゃったんだな……」

⚾

２０１３年9月26日、マーくんは楽天の優勝決定試合の最後に登板したね。打者は5人。19球投げたけど、最後に2人を三振にとった8球は全部直球。外角低めの、まさに原点能力を上手く使っていた。最後の球も、外角の低めだった。なんとも、良い投手になったもんだ。私が辞めてから、4年も経っておったけれど。

そして、日本一も達成し、翌年はメジャーへ。ご存知の通り、名門ニューヨーク・ヤンキースのエース待遇だよ。私は、テレビ局の解説につきながら、思わず、こう呟いていた。

「もう、マーくんじゃないな。マーさまやで……」

実はマーくんとは、日本一になった年の暮れに会っているんだ。テレビ番組の企画でね（TBS系列『年またぎスポーツ祭り！　KYOKUGEN　2013』）。私は、捕手の防具をつけた。何年ぶりだったろうか。そして、キャッチャーボックスに構えた。マウンドには、マーくんがいた。メジャー行き前、最後の1球、いわば日本での最後の1球を、私に受けて欲しいということだった。

球は、外角の高めだったよ。受けたというより、私が受け取り易い位置に、マーくんが投げ込んだ感じだったな。やっぱり投手はコントロールだ。

メジャーに行ってからのマーくんも、活躍しているようだね。以前、ドキュメンタリーで共演した時、「（メジャーに行っても、投球法以外でも、）私を意識している」と言ってくれた。

頑張って欲しいね。自分で決めたという、背番号「19」とともに。

そうそう、「19番」といえば、2020年シーズンから、福岡ソフトバンクホークスの捕手、甲斐拓也が背負うことになった。1977年までの私以来、ホークスでは43年ぶりの捕手の「19番」だ。甲斐も今やパ・リーグだけでなく、球界を代表する捕手になりつつある。なんでも、高校時代から私の著書を読んでくれていたそうだ。大いに期待しているよ。

○目立ちたいなら、本業で目立て！

「日本のサッカーが負けたのは、茶髪が原因」

私はここ数年来、埼玉西武ライオンズの森友哉選手のファンであった。注目は、捕手でありながらの、あの打撃面だ。２０１９年は首位打者にもなったよね。捕手としては私、古田、阿部慎之助（巨人）に続く史上４人目だとか。パ・リーグに限れば、私以来、54年ぶりの記録だったらしい。スイングスピードが素晴らしいし、構えにも隙がない。言うなれば自信満々だよ。見ていてこちらをワクワクさせる選手で、好みだった。彼がヘルメットを脱ぐまでは。テレビ解説で、その流れを見た私は呟いていた。

「はあ～、茶髪。ファン辞めた」

ご存知のように、私は選手の茶髪、長髪、ヒゲは、大嫌いである。

きっかけは、南海の兼任監督時代だ。江本孟紀（たけのり）がいた頃だから、１９７０年代の前半かな。当時、世間的には長髪がとても流行っていて、江本もその例に漏れなかった。しかも、かなり長かった。フサフサにボリュームある髪の毛を、帽子がかろうじて閉じ込めている感じでね。傍からみると少々滑稽なほどだが、江本はそれを、カッコいいと思ってやっていたようだ。地方のオープン戦で、たまたま出場のなかった私は、ダッグアウトのブルペン側に立ち、腕を組み壁にもたれながら、そんな彼が投げる試合を観ていた。すると、客席のファンの声が聞こえて来たんだ。

「何、あの頭。不潔たらしい」

「野球選手じゃないよな。芸能人だよ」

瞬間、長髪禁止を即断した。私は監督である。ファンあってのプロ野球だ。全部とは言わないが、お客様を不快な気分にさせることは、あってはならない。それに、髪が長ければヘルメットの安定性に欠けるし、機能的だとは言えなかった。

だがしかし、これを言うと、江本が反論し始めた。曰く、

「髪の長さと、野球と、どう関係がありまんのや？」

ああ言えばこう言う男である。いったん矛をおさめた私は、師と仰いでいた方の意見を聞きに出かけた。野球ではなく、人生における知見上の師でね。評論家の草柳大蔵さんだ。どうして最近の若者は、髪を伸ばしたがるのか、その問いに草柳さんは答えた。

「野村さん、頭の毛というのは、毛細血管なんですよ。だから、髪の毛には血が通っている。それを長くしたいというのは、自分の心理の反映なんです」

もっとわかり易くいこうか。後年だが、それこそ長髪や金髪、ヒゲ姿の野球選手が多くなり始めた時、私は、テレビ局を通じて心理学者にその理由を分析してもらった。返って来た答えは、大変、納得出来るものだった。

「自己顕示欲」。生きて行く中で、あるいは野球において、自信がない。それゆえ、世間に自分の価値や存在感をアピールする他の手立てを探す。その気持ち自体は人間の認知欲求なのだが、結局、胸を張ってアピールできるものがないから、手っ取り早い方法を取るというのだ。つまり、それが、髪型や髪色を変えたり、ヒゲを生やしたりという行動に繋がるというこことだった。草柳さんの教えと照らし合わせれば、こういうことだ。「髪の乱れは、心の乱れ」。以来、私は、監督として、選手にこう厳命して来た。

「目立とうとするなら、野球の内容で目立て！」

表題の言葉は、2006年W杯での、サッカー日本代表に向けた言葉だよ（＊日本代表は1次リーグ、0勝1分2敗の最下位で決勝トーナメント進出ならず）。正式には6月の阪神戦で、相手ベンチの江草（仁貴）が茶髪にしているのを見て、その流れで出たものなんだけど、この考え方で、私も少なからず、摩擦は生んでいたようだ。2001年には塩谷（和彦）がオフ中に茶髪にしていたのを少しなじったら、そこだけ拡大して新聞に書かれてね。

反面、こんなこともあった。「自分が監督の時は、長髪、茶髪、ヒゲは禁止」と打ち出したのはヤクルト監督時代の1996年からだけど、その年、1月下旬のキャンプインでは、城（友博・外野手）が黒髪にして来た。実は地毛が茶髪だったから、城は逆に黒に染めなきゃいけなかったらしいんだけれど。監督は組織の長であるわけだから、それに従う部分での姿勢を見せてくれたなら、他の士気も上がるよね。

（社会人野球の）シダックス監督の２００５年なんかは、長髪、茶髪、ヒゲの3点セットの選手が入って来た。調布の練習グラウンドで会った時、私は思わず叫んだよ。「なんや、その恰好は⁉︎」。でも、彼はすぐにそれを改めた。すると、入社すぐの大会（東京スポニチ大会）で左ヒジを痛めた武田勝（のち日本ハム）の代役として先発。ＮＴＴ東日本相手に５回無失点の好投をした。同大会では新人賞も獲得したんじゃないかな。

森福允彦のことだ。２００７年にソフトバンク入りして大活躍したのは周知の通りだよ。「茶髪やヒゲじゃなければ、私は活躍出来ません」と言うなら、野球選手としては余りにも寂しいんじゃないかな。楽天監督就任時には、この思いを総括して、以下のように発令している。

「野球に茶髪は必要ない。（楽天では）長髪、茶髪、ヒゲは禁止させていただきます。規則はしっかり守ってもらう。野球を通じて人間形成、人格形成をやっていくのが私の考え方。打てばいい、投げればいいだけでは、ただの野球バカ」

今、この自分の定見を振り返るたびに、思い出す男がいる。

⚾

彼を最初に観たのは、西武の春のキャンプでのことだった。１９８６年の2月だから、私の評論家時代ということになるね。その時、私は、評論家としては余り使うのが好ましくない、あやふやな言葉を、彼に連呼していた。

「素晴らしい！」

批評や解説を職業にしているなら、あまりにも具体性のない表現だ。でも、それくらい素晴らしかった。清原和博が、そこにいた。

彼は天才だった。大袈裟じゃなく、彼のプロ1年目から、私はこう思ったんだ。（私の記録を塗り替える選手が出てくるとしたら、その一人は間違いなく彼だな）。まして、彼と私には、最初からある結びつきがあったんだ。話は1970年に遡る。

日米野球で、サンフランシスコ・ジャイアンツと対戦した時のこと。私の視線は、ベンチにある黒い物体に釘付けになった。ジャイアンツのヘルメットだ。実は私は頭がでかくてね。頭周りだけで、60センチを超えている。だけど、日本のヘルメットの規格では、私には小さ過ぎたようで、合うものがなかった。だから、無理矢理小さいのを被ってプレーしていたんだ。そこで、この時、ジャイアンツのヘルメットを試しに被ってみると、なんともジャストフィットし、心地いい。さっそく私は用具係に言った。「日米野球が終わったら、彼らの余りを私にくれ」。加えて言うと、日本のヘルメットって、なんだかカッコ悪くも感じていたんだ。鍋を逆さにしたみたいな感じでね。

念願の、自分に合うヘルメットを手にした私は、そんな入手経緯もあり、ことさら大事にそれを使った。南海時代は、ジャイアンツの黒を（南海の）緑に塗り直して使ったんだけど、ロッテに移籍した時は、ロッテのカラーの黒に塗り直してね。最後、西武に行った時は水色に塗り上げたよ。つまり、現役引退まで使い続けたんだ。

それから5年。私は、そのヘルメットを、意外な形で目にすることになる。なんと、清原がそれを被っていたんだ。清原も頭がでかく、その周囲は（多分）60センチ超。ということは、私と同じで、日本のヘルメットは合わなかったんだろう。すると、西武の倉庫で眠っていた私のヘルメットを見つけたというわけだ。

　私とて人間だ。そんな奇縁のあった清原だけに、心情的に応援したくなるし、より期待値は上がった。だが、私は、彼に次第に物足りなさを感じるようにもなって行った。野球選手に大事な判断力が伝わって来なかったんだ。

「働き一両、考え五両」

　江戸時代、自分の藩を財政難から見事に再建した大名、上杉鷹山（ようざん）の言葉だよ。「やみくもに働くのは僅かな価値しかない。しかし、考えて働けば、その価値は格段に上がる」。そんな意味だ。状況判断や頭脳的なバッティング……。清原には、それらがないように感じた。つまり、天性だけでやっている。私はそこに、一種の放任という危険も感じた。だから、清原が西武2年目くらいのときに、森監督に助言している。

「清原のこと、ちゃんと教育しているか？　野球の指導はコーチがやる。監督は、人間教育、社会教育をしないと」

　だが、清原は変わらなかった。センスだけであそこまで行ったんだから、大したもんだ。しかし、野球の技術力には限界がある。その先は頭で考えるしかない。他人の言葉を聞き、足りないものを自覚し、素直に取り入れて行く。それが人間を大きくして行くんだよ。

　ところが、清原は若いときに教育されていないから、それを考えないし、感じない。成績の下降に沿ってとまでは言わない。だけど、怪我や不調、さまざまな労苦があり、彼の見た目や所作は、徐々に変わって行った。耳にダイヤのついたピアスをして、肌は浅黒くコワモテ。巨人時代は、打った選手になぜかカンチョウ攻撃をしてたな。「球界の紳士たれ」が旗印の巨人のはずだが、直接、注意出来る奴はおらんかったのか。清原自身、自分の風采を見て、子供たちがどう思うか考えたことがあったんだろうか。

今一度、問いたい。「ノムさん、茶髪、ヒゲ禁止なんて、時代が古いですよ」と言うなら、あなたが子供に野球をさせようと思った時、そういう選手のプレーを見せたいかね？

後で記者さんから聞いた話だが、２００5年5月11日の巨人ＶＳオリックス戦で、清原はオリックスの山口（和男）から頭部死球を受けたとか。球はヘルメットに当たったんだが、巨人のものなのに、ヘルメットから水色が覗いたんだ。死球で塗装が剝がれたそれは、清原の西武時代のヘルメットだった。黒く塗り直して、使い続けていたんだよ。そう、私の西武時代のヘルメットをね。

清原と最後に会ったのは、クスリの件で逮捕される前年だった。銀座の飲食店で偶然、出会ったんだよ。向こうから挨拶に来た。選手としてはもちろん、指導者としても付き合いがないのに、グラウンドで会っても必ず挨拶に来てくれた。だから、上下関係をしっかりとわきまえる、礼儀正しい男だと思っていたんだがなぁ……。例えて言えば、「ＰＬ学園育ちらしい」と。時代的にそこで止まってしまうのが私自身、悲しい。

そこに２０１９年秋、飛び込んできたニュースが「清原、ワールドトライアウトの監督に」だ。文言でわかるように、日本野球機構が行う12球団合同トライアウトとは別もの。戦力外になった元プロ野球や高卒以上のアマチュア選手、米マイナーリーガーを対象に行う公開トライアウトらしいのだが、その監督をつとめたようだな（２０１９年11月30日・神宮球場）。

再出発としてはいいじゃないか。プロが目標の選手たちとともに、清原自身、プロの指導者を目指して欲しい。彼らの手本になるようなね。

第3章　嘘　～欺く、ノムさん

楽天監督時代。担当記者に囲まれる

○ついた嘘をバネに変える

「稼ぎ？　ご想像に任せるよ」

右の言葉は、南海ホークスに入って1年目が終わり、実家のある京都府竹野郡網野町に帰った時の台詞だ。「稼ぎ？」のあとに、「フッ……」と私は含み笑いをしたかも知れない。地元で初めてのプロ野球選手になり、初の凱旋となった私は、その時、約1年ぶりに会う田舎の旧友たちに、こう評されていた。

「克ちゃん！　高そうな服、着てるなあ！」

「給料、幾らくらい貰ってるんだ⁉」

それに応じ、この言葉を言った私は、地元ではまず見ない上等な上着と、ギャバジンという上質な生地であつらえたスラックスを穿いていた。だが、上着は月賦でようやく手に入れたもの。ズボンに至っては、チームメイトに頭を下げてのもらい物だった。「よく稼いでいそうだ」という友人の眼差しに対し、私は公然と嘘をついたのだった。

⚾

南海への入団は、こう言ってはなんだが、驚き、いや、今思えば、裏切りの連続だった。テストを受けて入団したわけだけど、会場の大阪球場には、３００人を超える志望者。とても私なんかが受かるとは思えなかった。合間に食堂で、カレーライスを頼んでね。生まれて初めてのカレーだったので、それに感動して、3杯も食べてしまった。すると、マネージャーにあたる人が言った。

「食が細い奴は、この世界じゃ大成しないから、お前は見込みがあるな」

実際、7人いた合格者の1人が私だったんだ。喜ぶのも束の間、妙なことに気づいた。そのうち4人がキャッチャーだったんだよ。いくらなんでも偏り過ぎているよな。しかも、それら捕手の出身地を聞いたら、いずれも聞いたことのない地名ばかり。「～郡」って入っている。私もそうだが、どうにも田畑が広がるイメージなんだ。なんというか……私も含め、洗練された人材という感じがしなかったのは事実だ。

それもそのはず。実は球団がこの時、求めていたのは、ブルペン・キャッチャーだったんだよ。投手の数に比べて、捕手が少なかったんだな。当然、私もその1人だったわけだ。言うなれば、〝壁〟を求めていたわけ。ショックだったよ。

そんな経緯だから、テスト生待遇で、契約金もなかった私だけど、これでプロ野球選手になれたわけだから御の字か。給料提示の瞬間が待ち遠しくなった。仮契約の場で、初めてその金額を聞いた時は驚いたね。高校出の初任給が、月額6000円だった時代だよ。「8万4000円」。今の価値で言えば、200万円以上だ！　ところが、喜んでいる私を怪訝に思ったのか、マネージャーが言った。

「よく読んだか？　それ、年俸やで」

二重のショックだった。12で割れば、月額７０００円。確かに普通の会社員よりは少し高いが、我々新人は、その時、寮住まい。その経費として月々３０００円、抜かれていた。ということは、残る金額は４０００円。今の物価に換算すると12万円程度だ。

その中から、母親に仕送りもしなきゃいけない。テスト生だから、バットやグラブの用具代も自腹。そうすると、幾らも残らない。暗澹たる気持ちだった。１９５４年1月から入った寮の私の部屋は、前年まで物置だったという窓のない三畳間。

因みに、最初の背番号が60番だったのは先述したけど、これにしたって、鶴岡監督のユニフォームのお古だったんだ。鶴岡さんの背番号は「30」だったから、３のところを6に付け替えてあった。サイズがキツイので、それを愚痴ったら、マネージャーはなんて言ったと思う。「お前の体を合わせろ」だって。

この逸話のみならず、球団は当時から「ケチの南海」で有名でね。寮で出る食事は、味噌汁、御飯に、オカズが一品。それらはいくら食べても良かったんだけど、オカズと言っても、漬物だよ。しかも、卵を頼むと別料金が発生するんだから、今のプロ野球の寮生活からすれば、隔世の感だよね。栄養として卵は大事だし、私も、御飯にかけるのはもちろん、自分で目玉焼きにしたり卵焼きにしたり……さまざまなアプローチを試みたもんだ。

少し話が逸れるけど、だから、偶に先輩たちが食事に連れて行ってくれるのが嬉しくてしょうがなかった。先輩のおごりだからね。そんな時は、とにかくここぞとばかりに肉をたらふく食ったもんだ。パワーは大事だからね。「お前、よく食うなあ！」って、みんな目を丸くしてたよ。前後するけれど、1軍に上がってからは、大阪、千日前にあった韓国料理屋に日参したもんだ。とにかく肉を食べるためにね。

そして、入団して初めての帰省がやって来た。本当は、服なんて、ユニフォームと練習着、高校時代の学生服しか持っていなかったんだよ。だが、私は先ず、堺東にあった洋品店で高級な上着を買った。一括払いなんて出来ない経済状態だったから、10か月の月賦で。すると、ズボンに回すお金が無くなった。

そこで、同期のピッチャー、宅和本司（たくわもとじ）に助けを求めた。彼は私と違い、入団後、すぐ1軍に上がって活躍。シーズン終了までに、なんと26勝（9敗）の戦績を挙げた。この年の新人王を獲得したのは当然だけど、相次ぐ勝利に、球団から臨時ボーナスのような手当を貰っていたんじゃないかな。神戸の仕立て屋から、上等な服をよく買っていたんだ。だから、私が「ズボン、一本、貰えないか」と頼むと、彼は快諾。前出のギャバジンのスラックスをくれたんだけど、少し表面がすれていた。いつも着てるものだからそうなるわけで、通常なら気にならないところなんだけど、慣れてない私は、それが気になってしまって、結局、生地を裏返して仕立て直して貰った。

要するに、それほどまでして、故郷に見栄を張りたかったんだよ。

背景には、私の劣等感があった。

裕福ではなかった家庭。片親。とてもプロが出るとは思えない中学、高校での野球部の練習環境。そして、〝壁〟としての採用……。それに私は、プロ入りしてすぐ、先輩とのキャッチボールで、こう言われている。

「おいおい、お前、ボールの握り方も知らないのか?」

高校でそんなこと、改めて教えてくれる人はいなかった。いわば、野球ごっこの延長でやっていたようなもんだった。投球は、本来なら人差し指と中指をボールの縫い目に垂直にかけないといけないのに、私は自己流で、その2本の指を縫い目に沿わせるようにして握っていた。先輩が驚くわけだよ。私の握り方は、今で言うツーシーム。直球の軌道から不規則に動く変化球なんだもん。全てにおいて私は、遅れをとっていたんだ。劣等感は、もはや雪ダルマ式に膨らんでいた。

だが、だからこそ思った。野球においては、全てそれを受け入れようと。無知イコール、マイナスじゃなく、学ぶ理由ととらえたんだね。引け目があるからこそ、そこを補充して行けばいいと考えたんだ。

そして、故郷に対しては、別の考え方をした。自分を大きく偽ることによって、早く中身もそれにともなうよう努力する、その原動力にしたんだな。嘘をつくことが、自分のパワーになったんだ。

⚾

1年目にクビになりそうなところをなんとか免れて2年目を迎えた私は、猛烈に努力を重ねた。学ぶことは多いし、何よりやはり、練習が足りない。「1日24時間をどう使うかだ」と考え、皆が休んでいる間も素振りをした。それと、やはり打球を遠くに飛ばすには筋力だと、筋トレに励んだ。

　でも、当時はこれが邪道視されていてね。「肩を壊すから野球選手には良くない」と言われていたんだ。私は他の選手との差もつけたかったし、（結果的には）前時代的な常識は関係なかった。とはいえ、トレーニング用の近代的な設備などないから、醤油の一升瓶に砂を詰めて、それをダンベル代わりにしていたよ。

　するとどうだ。2年目は2軍戦に全試合出場出来たばかりか、シーズン後半になると、打球もよく飛ぶようになって来た。こうなると楽しくなって来る。遠くへ飛ばした感覚を忘れないよう、眠らないでいようかと思ったくらいだからね。この2年目、月給が1万5000円になったのも嬉しかったな。

　そうしたら、3年目の初春、1軍のハワイキャンプに、私も連れて行ってもらえたんだよ。正捕手は松井淳（あつし）さんという方だったし、2番手捕手も同行したから、自分が〝壁〟要員なのはわかっていたけど、やはり嬉しかった。とはいえ、酒も女も博打も苦手な私だ。ハワイに行っても、練習が終わったら素振りばかりしていたよ。

　すると、チャンスがやって来た。地元ハワイのチームとの試合でのことだ。松井さんが肩を痛めて出場できず、2番手捕手も体調不良で、私が代わりに出ることになったんだ。また、野手にも故障者が続出。みんなハワイということで、遊んでいたんだな。それを表すかのように、帰国後、鶴岡監督は、記者に対して、こう総括していた。「今回のハワイキャンプはさんざんだった」。続く言葉を、私は今でも忘れない。

「ただ、唯一の収穫は、野村に使えるメドが立ったということだ」

⚾

「頑張っていい仕事をすれば、必ず誰かが見ていてくれる」

前述もしたが、後年出会い、尊敬していた草柳大蔵さんの言葉だ。心に染みるこの一言を、帰国しても銘記する出来事があった。キャンプを経て、1軍でも正捕手の座を摑みかけたころ、鶴岡監督が、こう言ったのだ。

「ようなったな、お前」

大阪球場の狭く暗い通路で、すれ違いざまだったと思う。たかだか20歳かそこらの若者には、大きく、そして重すぎる賛辞だった。私の持論でもある、「その人間の価値や存在感は、他人が決める」を語る時、その気づきにも、自負ともなる言葉だった。

本音を言えば、人は自己愛で生きていると思う。誰しも自分がいちばんかわいい。だからこそ、自分に対する評価はどうしても甘くなりがちだ。他人が下した評価こそ、本当の自分の評価なのだ。

⚾

3年目の1956年は1軍の試合に129試合出場。私の月給は、7万円に上がっていた。1年目の年俸に迫る金額だ。嬉しいことに、故郷に虚勢を張る必要はなくなったが、グラウンドではそうもいかなくなった。その3年目の途中、私は右手の親指を骨折した。打球が当たったものだったが、私はそれを、隠し通した。もし、骨折がバレたら、当然レギュラー出場など出来ない。再び正捕手は松井さんになるだろう。なにせ松井さんはベストナインを受賞していれば、オールスターゲームにも出ている（＊共に１９５３年）名手なのだ。私より10歳年上で、キャリア3年目の私からすれば、守備力では月とスッポンの差を感じていた。

窮地の私は、ブリキのサックを特注で作成。それを親指にはめ、毎日痛み止めを打ってから、試合に臨んだ。完治するまで、なんとかこれで秘匿するのだ。幸いにも、私の骨折には、誰も気づいてないようであった……ただ、1人を除いては。

特注サックをキャッチャーグラブで覆っての試合前の練習中、ある選手が私に話しかけて来た。

「野村、お前には負けたよ」

松井さんだった。

この2年後、松井さんは引退。良い先輩だった。

「その人間の価値や存在感は、他人が決める」

それを反芻し、覚悟を新たにする私だった。

○「戦陣の間には詐偽を厭わず」

「イチローの弱点は、インハイ。内角高めを攻めて行けば間違いない」

監督時代、私は飛行機の座席を「A1」にしてもらうようにしていた。一番前。言うなれば、出入り口に最も近い位置だ。すぐ入って、すぐ出て行けるしね。

ところが、忘れもしない1996年7月（22日）のことだ。飛行機に乗り込むと、私の座席が2列目になっている。マネージャーに理由を問うと、「獲れなかったんです」との答え。その時、私たちはオールスター戦の最中で、東京から次の開催地の富山に向かうところだった。前年、ヤクルトの監督として優勝した私は、「全セ」を率いていた。

「誰か、VIPでも（1列目に）来るんじゃないですか?」（マネージャー）

果たして、離陸直前に現れ、「A1」に座ったのは、イチローだった。

私がイチローを見初めたのは、それなりに早かったと自負している。1992年のオリックスとのオープン戦開始前の、フリーバッティングでのことだ。名前も顔も知らぬが、その柔らかなフォームに目を奪われた私は、オリックスのフロントであり、私の高校の後輩でもあった金田義倫に聞いた。

「あの『51番』て、どんな子？」

高校を出たばかりの新人だと聞き、2度驚いた。なぜ、ヤクルトの前年末のドラフト指名リストに、その名が入ってなかったのか。電話をかけて事情を聞くと、編成担当は答えた。

「すいません、高校時代、ピッチャーだったということで、投手としての評価しかしていませんでした」。当時の他球団のスカウトも、似たような見方だったのかも知れない。

いずれにせよ（こいつは1年目から活躍するかも知れない……！）と私は直感した。ところが1年目も、2年目も、その活躍ぶりは伝わって来なかった。2年目のキャンプで金田に理由を問うと、どうも、当時のオリックスの土井正三監督が、あの〝振り子打法〟をお気に召さなかったらしい。思わず、私は提案していた。「なら、トレードでウチにくれよ」。球団を通じて申し込んだが、ダメだった。

3年目の1994年、登録名を「イチロー」に変えた彼は、仰木彬監督の起用に応え、大躍進。翌1995年にはオリックスを球団史上初の優勝へと主導。その年の日本シリーズで、我がヤクルトと相対することとなった。私はその年、1993年より3年契約で再び結んだヤクルト監督としての契約最終年だった。

「オリックスはイチローだけのチーム」。少し大袈裟な表現かも知れないが、戦前、スコアラーによる調査を頼むと、そんな分析が上がって来た。となれば、こちらはイチローを抑えれば勝てるということになる。ところが、スコアラーたちは、一様に口を揃えて言うのである。「イチローには、弱点はありません」

「お前ら、それでもプロか！」

そう言って私も怒ったのだが、彼らは私が監督になって、前年までで既に2度、ヤクルトを優勝に導いてくれている人材たちだ。無能なわけがない。つまり、それが正直な結論だということも、痛いほど伝わって来た。

実際、イチローの打撃の素晴らしさは、その初見の印象を、この時、遥かに超えていた。

「良いバッター」とは、一言では言えないが、一つには、「変化球を苦にしないバッター」と思う。私は現役時代の前半、さっぱりカーブが打てず、敵の外野席からよく、「カーブが打てないノ・ム・ラ！」と野次られ、結果、配球を読む術を覚えた。カーブが最初から来るとわかっていれば、打てる確率は高くなるからね。

ところが、こういったことを、まるで気にせず打てる打者もいるんだ。シンプルに、「来た球を打つタイプ」。要するに、天才型だね。代表的な例としては、長嶋茂雄がそうだった。

イチローもそういうタイプだと、私は思う。イチローを特集したドキュメンタリーを見たことがあるが、こんな風に語っていた。

「目だけでストライクかボールか判断するのは簡単」

「（でも、変化球やボール球が来て、）頭では打てないと判断しても、身体がひょっとしたら打てるぞ、と思う」

「審判やファンの皆さんにとって、コースを大きく外れている球でも、僕が『来た！』と思えば、それは僕にとってはストライクなんですよ」

「選球眼より、僕にとってはそういう〝選球体〟が大事」

加えて、（イチローは左打者だが）左肩が絶対に外側に開かない。イチロー自身、

「左肩は、極端な話、ピッチャーに見せないくらいにしている。バットのグリップをキャッチャーに近づけて、どれだけ我慢出来るかだと思う」

と語っている。つまり、バットを出すのは最後の最後ということだ。これは大正解で、バッティングというのは、足↓腰↓腕の順番で動かしてこそ、しっかりとした打球が打てる。へぼバッターはこの順序が逆になる。打ち気が強すぎて、腕から行ってしまうのだ。そうすると当然、身体は突っ込み、変化球にも対応しにくくなってしまう。イチローは違う。膝を動かすと、自動的に腰と肩が回り、腰と肩が回れば、腕がスムーズに出るという理想的な連鎖を体得しているのだ。

プラス、これは左バッター全般に言えることだが、少しでも1塁に早く行きたいため、「走り打ち」になる選手が少なくない。極端な例では、スイングの1歩目で既に右足が1塁方向に向いている打者もいる。これでは強い打球は打ち返せないし、タイミングも崩されやすくなる。ところが、イチローにはこういった〝急ぎ〟が一切ないのだ。あの内野安打の多さにしてである。つまり、言ってしまえば、完璧なバッターなのだった。

イチローへの賛辞が続いてしまったが、それほどまでに対策の立てようのなかった相手なのだった。私はシリーズ開幕前日のルールミーティングで、

「イチローは打つ時、右足がバッターボックスから出ている。これはルール違反ではないのか？」

と訴えたほどなのだ。要するに難くせである。そうまでしても、彼に揺さぶりをかけたかったのだ。前後するが、日本シリーズ前、都内のホテルで選手、コーチと3泊4日のミーティング合宿をおこなった時、丸1日分ほどは、イチロー対策に費やしたのを覚えている。この際は、マスコミ向けに、

「イチローは、打撃は広島の野村（謙二郎）以下。足は広島の緒方（孝市）以下！」

と発信している。カッカさせようとしたんだな。結局、実際の手立てとしては有効なものがないと感じた私は、一計を案じ、選手、コーチ陣に告げた。

「テレビや新聞で、俺は嘘をついてくるから、諸君らもそのつもりで」

日本シリーズを直前に、キー局のスポーツニュースに多数、お呼ばれした私は、以下の台詞を繰り返した。

「イチローの弱点は、インハイ。内角高めを攻めて行けば間違いない」

イチローには弱点がない。だから、これは嘘である。しかし、イチローは食らいついて来た。「ヤクルトバッテリーは、インハイを狙って来る」と思ってしまったんだな。

具体的に説明しよう。どんな強打者にも共通する性向がある。それは、0ボール1ストライク、もしくは1ボール1ストライクというカウントになると、手を出しがちな球があると

いうことだ。それは、真ん中からややアウトコース寄りのストライクゾーンから低めに落ちる球であった。そして、得てして、引っかけてゴロでアウトになるのだ。だから、ダブルプレーを獲りたい時には、私はこのやり方をよく利用した。

なぜこういったことが起きるかというと、先ず、いくら選球眼が良い打者でも、左右は見切れても、高低差はわかりにくい。そして何より、1ストライクで真ん中に放られると（それがわかりにくい低めだと）、手を出したくなってしまうのだ。なぜなら0ボール、もしくは1ボールでの1ストライクというのは、打者にとっては、最も手を出してみるのに支障のないカウントだからである。

オーソドックスなのだが、この攻め方をイチローにも使用しようと思った。だが、そのためには先ず、1ストライクを取る必要がある。まして、イチローは初球から打って来るタイプだ。だから、「初球からインハイを投げて来るかも知れない」と、イチローに思わせるため、私は嘘をついたのだった。

『韓非子』にある。

「戦陣の間（かん）には詐偽を厭わず（戦いにおいては、相手を欺くことも大事だ）」

結果、見事にイチローは引っかかった。現実的に、インハイを投げなかった初球を見逃すことが多かったし、彼にしては珍しく投手側の、右肩が開いていた。インハイに対応するため、僅かに体を開いていたのだ。そして、最後の決め球に、事前の「予告」とは対照的な、外角高めの直球を用いることにした。

結局、イチローの初の日本シリーズ第1戦、第2戦は、計7打数1安打。これが功を奏し、ヤクルトは完全に波に乗り、4勝1敗で日本一になれたのだった。こちらの打者では、オマリー、池山（隆寛）が頑張ってくれた印象だ。オマリーなど、4番としてマークされていたこともあるが、7四球を選んだうえ9安打で、なんと打率・529だった（＊うち2本塁打で、同シリーズMVP受賞）。池山は3戦目で、サヨナラホームランを打ってくれたっけな。

だがである。イチローのこの5戦までの総戦績は19打数5安打2打点。2戦目までを引けば、12打数4安打2打点の好成績だった。実は3戦目から、こちらの挑発が嘘だったということに気づいたみたいなんだよ。徐々に、ヒットを打たれ、犠飛で打点を稼がれ、挙句、第5戦ではホームランを打たれた。さすがの天才打者だと思ったよ。第6、7戦目までもつれこんだら、どうなっていたか、本当にわからない。それだけに価値のある、第1戦、2戦目までの、イチローの抑え込みだった。

⚾

「A1」に来たイチローは、私と目が合った。もちろん、この時のオールスター戦に選出されており、私は私で、相手側の監督である。

「……」

「……」

イチローは会釈も何もせず、席に座った。私に気づいていなかったわけはないと思うのだが。「天狗になっている」「チーム内で孤立している」という噂を漏れ聞いたのは、後年のことだった。私はその世評には、おそらく実力がイチロー以下の、他のやっかみも入っていると思っていた。イチローの野球に対するスタンスにおいて、あることに気付くまでは。

⚾

２００1年より、イチローはメジャーに行った。数々の記録を打ち立てたのは周知の通りだ。その正確無比なバット・コントロールは、もちろん日米共通の話題。私は、イチローが、そのカット技術に言及するのを、あるドキュメンタリーで見た。

番組は、イチローがロジャー・クレメンスの決め球であるスプリットを、２ストライクから何度もファールにし続ける様子を映していた。イチロー曰く、

「空振りを獲りにきた低めの決め球を真っ芯で捉えれば、クレメンスもショックは大きいはず」

なるほど、そう出来る球を待ち、カットし続けるわけだ。その技術自体は、素晴らしいと思う。だが、私は同時に、疑問を感じざるを得なかった。

（なぜ、見送って、フォアボールにしないんだろう？）

イチローの四球の数を振り返ってみる。ほとんどの年で、その数は計50未満だ。メジャー初年度は、７３８打席も立って、四球は僅か30。しかも、うち、敬遠が10だから、実質20である。２年目の68四球がメジャー期では一番多いが、この年は敬遠が27もある。実質的に選んだ四球は41個だった。私は思った。１番打者にしては、少な過ぎる……。

日本でもアメリカでもイチローの打順がほぼ1番であったことは読者もご存知だろう（後年は除く）。その出塁率の高さからの定位置なのだが、私から言わせれば、1番打者は、ただ塁に出ればいいというものではないのだ。ピッチャーに数多く球を投げさせ、その情報を後続打者に伝える、投手の嫌がることをして反応を見る、その時の状況によって、求められるものは変わる。つまり、それがチームプレーだ。

ところが、イチローは、あくまで自分が打つことしか頭にないように見受けられた。2004年、3番に座ることになった時、「1番と3番で、バッティングは変わるか？」と問うた記者に対する、イチローの答えはこれである。

「打順によって打撃を変えるという意味がわかりません。3番だからホームランを狙うのかという質問は問題があると思います」

打順によって求められる役割があるのは自明の理だ。しかし、イチローの中にその考えはなかった。先ほどのクレメンスとの逸話もそうだが、四球を選ぶより、ただ、自分が打つこと、自分のヒットを優先したい男なのだった。

無論、それだけの天才であるということも言えると思う。だが、イチローの所属チームは、日本で優勝が2回、メジャーではついに世界一はなかった。地区優勝ですら、メジャー初年度の2001年と12年の2度だけだ。イチローはその安打数から言えば、世界一素晴らしい選手かも知れない。だが、そのイチローをもってしても、優勝は出来ないのだ。なぜなら、野球はチームスポーツだからである。

自分のチームの話になるが、池山はその豪快な打法を象徴するかのように、〝ブンブン丸〟なる異名でもお馴染みだった。ところが同時に、三振数も多かった。レギュラーに定着した１９８７年から６年連続で、年間１００三振を超えていた。私はある時、彼を呼んで諭した。

「三振はアウトになることだろう。お前がこんなに三振していちゃ、俺は困るんだよ。監督が困るということは、チームが困るということなんだ。自分だけが打って満足して、お前のファンを悦に入らせるより、チームが勝って数百万人のファンを喜ばせることこそが、この仕事の醍醐味なんじゃないかなあ？」

以来、池山は、悪球を振ることが目に見えて少なくなり、チームバッティングに徹するようになった。シリーズ７四球のオマリーとともに、オリックスとの対戦で躍動してくれたのは前に触れた通りだね。


１９９５年、監督として最終年だった私だったが、結局は翌年もヤクルトを指揮していた。球団との合意の元、契約を結び直したのだった。

◯本心を隠して交渉する極意

「なんと言いましたかな？　あの背の高い、ヒョロっとした投手……」

打者がバントを試み、ピッチャー前に転がした。ところが、投手が球の処理に手間どり、1塁をセーフにさせてしまった。私が南海の兼任監督時代のことだ。つまりは、捕手も私である。詰め寄って怒る私に、投手はこう返した。

「ワシは足が長いんで、ゴロの処理に時間がかかるんですわ」

江本孟紀であった。

江本孟紀。現役時は188センチを誇る長身投手だったが、このやりとりにあるように、なんとも人を食った男だったよ。先に述べたように、長髪で投げていたのも彼だったしね。現在のように、評論家になってもそういう部分は変わらなかった。私がヤクルト監督時代、新聞で、「先発の起用に間違いがある」などと論じていたから、翌日、取材に来た時、ベンチ入りメンバーの表を見せて、こう聞いてやったんだ。

「なら、お前なら誰を投げさすんや！　言ってみろ！」

するると、江本の奴、

「う〜ん、これは、ワシが投げた方がマシですな」

そこかしこで言っていることだが、江本、江夏、門田（博光）は、私の監督人生の中での三悪人。この3人を操ることが出来れば、他は屁でもなかったよ。

出会いは1971年、彼が東映フライヤーズにいた1年目。それが初対面だったかは覚えてないけれど、南海がリードしていた試合の後続投手として出て来たんだよ。つまり、敗戦処理の役回りだ。事実、コントロールがべらぼうに悪かったし、この扱いはシーズン終了まで変わらなかったようで、この年の江本の戦績は0勝4敗だった。しかし、彼の投げる球を見て、監督兼捕手の私は、何より思った。

（長い手足、そして、投手向きの体型。それに、見た目よりも球威があるな……）

江本という名は、私の胸に、その時、確かに刻まれた。

すると、その年の暮れ、東映の監督をやっていた田宮謙次郎さんから、電話がかかって来たんだ。

「野村くん、君のところに高橋博士って捕手がいるだろう。譲ってくれないかね？　君が捕手でいては彼も出番がないだろう」

「そうですか。実は本人のためにもその方がいいんじゃないかと、私も思っていたんです」

「うむ、それなら話が早い。交換要員としては、宮崎昭二（投手。1967年に12勝）なんてどうかね？」

だが、瞬間、私の頭に浮かんだのは、江本だった。しかし、私は自分を押しとどめて、言った。

「欲しい選手については、2、3日、考えさせてくれませんか?」

果たして3日後、「決まった?」と再び電話をかけて来た田宮さんに、私は思案して来た言の葉をぶつけた。

「お宅のところにいる……あれは、なんと言いましたかな? あの背の高い、ヒョロっとした投手……」

「誰だろう……? ひょっとして、江本のことかな?」

「あぁ、そうそう、確か、そんな名前でしたね」

「江本でいいの? まだ1勝もしてないよ?」

「そうですか。それだと、高橋博士とは釣り合いませんな。では、もう1人、付けて頂けますか?」

結果、田宮さんは快諾し、江本の他に、佐野嘉幸(内野手)も付けてくれることを明言。こうして1対2のトレードが実現した。私の下手な演技が、実を結んだ瞬間だった。

最初から私の狙いは、江本一本だった。だが東映側は、彼の持つ資質を認識していないように思われた。逆に言えば、それを利用出来るチャンスだ。出だしからこちらが江本を欲しがると、そのダイヤの原石ぶりに気付かれてしまう恐れがある。なので、「大した選手じゃないけれど、くれるなら欲しい」という一芝居を打ったのだ。事実、私は、江本が南海に来るや否や、初めての挨拶を受け、こう言っている。

「お前の投げる球は、俺が受ければ、10勝は出来るで！」

さらに気持ちを揺さぶった。「10勝すりゃ、南海じゃエースだ。だから、最初からエースナンバーの『16』を付けておけ」

すると、南海での初登板からして大車輪の活躍。王者・阪急相手に延長13回まで完投したんだよ。ただ、試合は0―1で結局、惜敗。（意気に感じるタイプだ）、そう感知した私は、その試合の帰りのバスで、選手たちに一席ぶった。

「今日、お前たちは、江本に借りを作った。だから、次はそれを返さなきゃいかん」

果たして次の試合、打線は6点を挙げ、江本も完投。6―3で勝利。江本はプロ初勝利となった。そして、シーズンが終わってみれば、東映では0勝の江本はこの年、16勝（13敗）。移籍1年目で、立派に南海のエースに育ってくれた。

他の著書でも何度も言って来たけれど、練習や稽古ではなかなか習得出来ない、野球選手の天性の3要素というのがあるんだよ。それは、「球が速い」「足が速い」「打球を遠くに飛ばせる」。江本は天性の速球派だったから、私自身、獲得するのに何の躊躇もなかったね。

それにしても、不思議に思うだろう。球が速いとはいえ、なぜいきなりこんなに勝てるのかと。江本には、実は彼独自のサインがあったんだよ。それは、「ど真ん中のストレート」。投手からすれば、「お前の直球は、誰にも打たれないぞ！」と誇らしく思えるようなサインだけど、意図するところは違っていてね。江本はコントロールが悪いから、少し荒れて、打者が打ちにくいコースにちょうど収まるんだな。

このサインを武器に、面白いように勝っていったんだ。もちろん、先に挙げた言葉も戦力。江本は、プライドをくすぐられると弱いタイプだったと言って良いと思う。

忘れられないのは、移籍2年目の1973年。同年より、前期、後期の2シーズン制（65試合ずつ）を導入したパ・リーグで、南海はその前期に優勝。ペナント制覇をかけて、後期優勝チームと5試合制のプレーオフを戦うこととなった。ところが、後期優勝したのは阪急だったんだが、その後期シーズン、我が南海は阪急に1勝も出来なかったんだよ（0勝12敗1分）。

真っ向勝負ではおそらく勝てないと思った私は、一計を案じた。5試合制だから、うち、3試合に勝てばいい。2試合は勝たなくてもいい（捨てる）と、発想を切り替えたんだ。そこで、エースの江本を1、3、5戦に投げさせることにした。1、5戦目はロングリリーフで、3戦目は先発として。なぜなら、1、5戦目を先発とした場合、4戦目で終わってしまっては宝の持ち腐れになるからだ。3戦目までは絶対に出来るのだから、その3戦目は江本の先発。そこから逆算して行った。社会学者の加藤秀俊さんに、こんな一文がある。

「『捨てる』というコトバから、ゴミ箱のようなものを連想していただいては困る」（『整理学』）

まさにこの時の私は、この言葉を金科玉条にしていた。2、4戦目には、戦力を集中させず1、3、5戦に全てを賭けたのだ。

はたして、2、4戦は、それぞれ、9点、13点を取られて大敗したよ。だけど、1、3、5戦は勝利して、我々はパ・リーグのペナントを制覇したんだ。ただ、決勝と言っていい5戦目に、ちょっとした誤算があった。互いに8回終了まで点が入らなかったんだよ。そしたら9回の表にこちらが2点先取。だから投手は、そのまま中継ぎをしていた佐藤道郎で行こうと思った。なぜなら、この3日後には日本シリーズの開幕が控えていたから、江本を温存したかったんだよ。ところが、阪急の当銀秀崇に9回裏2アウトから代打ホームランを打たれてね。1点差となった。

私はキャッチャーボックスで叫んでいた。「エモはおるか⁉」。江本は、グラブも付けてなく、あわてて装着しながら出て来たよ。「胴上げの準備をしてたんで」だって。急いで肩を作らせて、最後の打者を三振に切って取らせた。この時のこと、江本は、

「何が驚いたって、急な登板と、監督の真っ青になった顔ですわ」

と振り返っていたっけな。まあ、私は監督として初めてのペナント制覇だったし、お前は胴上げ投手になったんだからいいじゃないか。

続く日本シリーズのことは、余り思い出したくないんだよ。最初の1戦だけ勝って、続いて4連敗。そういや、その初戦で完投勝利したのは江本だったな。巨人は翌年、中日にペナントを獲られるから、これがV9時代のラストの日本シリーズなんだよ。だから、V9期の最強の巨人に、最後に土をつけたのは、どうやら江本らしいんだよ。江本自身がそう言って自慢しとったから間違いない。

その江本と袂を分かったのは、1975年のオフのことだった。前述したように阪神の方から「江夏、要りまへんか?」と連絡があり、交換要員として、江本を欲しがったんや。ここまでの南海の4年で通算52勝している完全なエース。さりとて、江夏も超大物だ。向こうが欲しがるのも無理はなかった。

当時の江夏は血行障害を抱えていて、先発完投型の投球が出来なくなりつつあったのは事実だった、「人間には、勝てないものが2つある」というのが、私の持論でね。それは、「時代と年齢」。そんな江夏をどう時代に合わせたかは、後述するとしようか。

⚾

一方、江本は、阪神移籍後、例の「ベンチがアホやから」発言で現役に自らピリオド。先にも挙げたけど、昔から言いたいことは言う男だった。私は、サッチーが球団の内情に介入したとかで、1977年に監督を解任されるわけだけど、江本は南海にいた時から、これについても私に直言しておったな。

具体的に言うと、「監督として、しっかりして下さいよ」とかね。球場に来たサッチー本人と、言い争いもあったようだ。サッチーもサッチーで、退かない時は、絶対退かないしな。私から見てりゃ、ぶつかるのもやむを得ない2人だった。

しかし、その江本、引退したら、いきなりベストセラー作家になった。私に関する著書もあるらしい(『野村監督　知将の思考』東邦出版、『野村監督　部下が育つ「将の器」』二見書房、『野村克也解体新書:ノムさんは本当にスゴイのか?』無双舎、他)。その中には、こんな意味合いのことも書いてあるらしいぞ。

「16番がエースナンバーと言われて付けたが、その時、他に余っていた背番号は42と49だけだった」

「トレードは、江夏とだと言われたから、1対1の交換かと思ってよくよく聞いてみれば、こっちが4、向こうが2の、4対2のトレードで、釈然としない」

私も、プライドをくすぐりたかったのかもなぁ。これもまた「戦陣の間には、詐偽を厭わず」じゃて。

江本とは2年前、グラウンドでも会っとるんだよ。ホークス球団創設80周年を記念した「レジェンドデー」でね（2018年3月31日）。セレモニアルピッチを江本が披露したんじゃ。私は主審役を務めてね。江本の奴、過去の球威はいずこ、ワンバウンド投球やったから、思いっきり右手を真横に突き出して、「ボール」の判定をしてやったわい。繰り返すが、人間、勝てないものが2つある。時代と年齢。まさに証明されたわ。

それをその前年にも感じることがあったね。皆さんもご存知のように、サッチーの死だ。2017年12月8日、永眠。享年85だった。

翌年1月、私は、サッチーが壇上から、マイクで色々と評されるのを聞いていた。

「（サッチーは）あまり人によって（態度は）変えない」

「誰にでも同じような付き合い方をする」

「いろいろなケンカや言い争いもした。言うなれば、戦友でした」

江本やった。サッチーの「お別れの会」を、江本が発起人の1人として、開いてくれた。

後述する、私の評論家時代の講演会も、私の体が空かなくなると、サッチーは江本にそれを振ることもあったらしい。不思議議やな、ケンカもしとった2人なのに。

初めてというか、多分、唯一、(サッチーが)褒めてくれた時のことも、江本は壇上で話しとった。

数年前、江本の事務所の忘年会パーティーに呼ばれて、夫婦で出かけたことがある。そしたら、抽選会に出ていた景品の一つである、男児と女児、一対の人形をサッチーが見初めてね。もともと江本が横浜中華街の知り合いからもらったものらしいのだが、中国では縁起物として有名らしい。小学1、2年生の子どもの身長と同じくらいの大きさがあるんだよ。これをサッチーが完全に気に入ってしまって。江本に、「欲しいわあ！　なんとかして！」と。そしたら、江本自身が司会する抽選会で、

「奥様！　なんと、大当たりですぅ〜！」

江本よ、お別れの会で、

「あのときの、乙女のような喜びようは、忘れられない。『アナタからもらった、あれ。リビングに置いてから、わが家には、いいことばかりなのよ。ありがとうね』と、会う度に言ってくれた」

と語っていたけれど……お前、「実は抽選の時、私も手心を加えましてん」とか、後から

マスコミに明かすことないやないか。まあ、私もそうじゃないかとは思っていたけれど。私みたいに、巧く嘘をつくことは出来んのかい。

それでいて肝心なことは言わないんや。お別れの会を開いた時、お前、胃がんの手術後だったらしいやないか。「いえいえ、もう手術から半年経ってましたから大丈夫です」とか笑っていたけれど、私やマスコミにそれを公表したのが、お別れの会の４日後だったっけな。

「手術とか、入院とか、人に言うことでもないでしょう？」

とか言ってたけれど、お前は本当、食えない奴だよ。

あの時の人形、今でもリビングに飾ってあるで。

○「人を見て、法を説け」

「お前はホームランを狙って、ブンブン振り回せ！」

２０１３年、ヤクルトのバレンティンが、王貞治の持つシーズン最多本塁打記録（55本）を塗り替えたね（60本）。王と私と言えば、因縁は浅くない。何せ、私の作った記録を、いちいち王が塗り替えて行く時期があったからだ。

最初はまさに、シーズン最多本塁打。私は１９６３年、ペナントレース最終戦（10月17日）で年間52本を記録。それまでの最多は、前述もしたが、１９５０年に小鶴誠さんが記録した51本だった。だから、13年ぶりの更新ということになる。ひいては内心（10年は破る奴はおらんやろ）と思ったもんだ。

ところが王と来たら、これを３本も上回る55本を打ちおった。それも翌年（１９６４年）やで。しかも、私の記録を更新する53本目を王が打ったのが9月の前半（６日）。つまり、私がシーズン最多本塁打王だった時期は、実質、1年もなかったわけだ。

私はクサらず、翌１９６５年には、通算本塁打数歴代1位になった。その後、７年は自分でその記録を更新。抜く人間がいなかったからね。ところが王が追い付いて来て、１９７３年８月には並ばれ（通算５６３本）、遂に抜かれてしまった。その後はマッチレースで、通算６００号は私が先に達成すると意気込んだ……のだが、５歳下の王の勢いは増すばかり、６００号にも王が先に到達。結果、通算本塁打数でも、私は王の８６８本に次ぐ、２位となってしまった（６５７本）。

悔しくないわけがない。なので１９７３年以降、私はオールスター戦でやり返すことにした。具体的には、キャッチャーとしてのリードを活かし、王を無安打に抑えるのだ。攻略法は、研究すればすぐにわかった。基本は、内角で追い込み、外角に落とす。そして、苦手なボールは、外角のボールゾーンからギリギリいっぱいに入るカーブ。この２つを胸にオールスター戦に臨むと、果たして王は三振と凡打の山。私がオールスター戦で捕手を務めた20数打席で、王はノーヒットだった。にもかかわらず、結局、８６８号を達成されてしまったんだよ。私としては（セ・リーグの投手や捕手の諸君、王はこうやって抑えるのだよ！）とオールスター戦でアピールしていたつもりなんだが……。

なにせこっちは月見草。やり方が、おしとやか過ぎたかなぁ。

さりとて、今回の本論は違うところにある。バレンティンは例の２０１３年、60本を打ったわけだけど、私は、その時のヤクルトの順位に、注目せざるをえなかった。６位、まあ、要するに最下位だったんだ。ぶっちぎりの本塁打王がいるのにね。

筒香嘉智（3位・横浜）、ゲレーロ（5位・中日）、ソト（4位・横浜）、ソト（2位・横浜）……。直近過去4年のセ・リーグの本塁打王と、時の所属チームの最終順位だよ。一概には言えないが、本塁打王は得てして優勝チーム以外から出がちだ。もっと言うと、優勝争いしていない、下位のチームから。

野球はチームプレーであるということが大原則の私としては、この事態は、選手が個人成績に走った結果と見なくもない。優勝の可能性がなくなった後にね。いや、前かも知れないな。チームの優勝なんて関係ないという態度で。

と、ここまで書いて来て、思い出す名がある。門田博光だ。彼は1981、83、88年に、パ・リーグの本塁打王になった。私が抜けた後の南海の主砲としてね。南海の、この3年のペナント順位は、いずれも5位だった。

門田は1970年、私の兼任監督1年目に入団して来た。天理高校時代は4番の中堅手だったらしいが、ホームランを打ったことは一度もなかったそうだ。そこから社会人野球のクラレ岡山に進み、1968年には阪急にドラフト指名されたが、入団はしていない。12位という、極めて下位の指名だったようだ。本人や会社側が拒否したのか、あるいは、これだけ下だと、球団側が交渉権を放棄したのかも知れないな。この時代、そういうことは多かったんだよ。

1969年のオフに、ドラフト2位で南海入り。後年しか知らない読者は驚くかも知れないけれど、入団したての頃は、好打はもちろん、俊足、強肩の外野手だったんだよ。そこで、入団2年目のキャンプで、英才教育がほどこされることになった。当時の南海のヘッドコーチかつ私の右腕、ドン・ブレイザーが、「門田を、打率3割が打てる2番バッターにしたい」と言い出したんだ。彼自身が一肌脱ぎ、投手役を務め、門田にバントの練習をさせた。

ところが、バントなんてやったことのない門田は一向に上手くならず。しまいにはブレイザーも「オー、ノー！　ギブアップ！」と匙を投げてしまった。私は言った。「じゃあ、アイツはよく打つから、俺（4番）の前を打たせておけ」。したがって、門田は3番に定着することになった。

ところが、ここでまさに、問題が生じたんだ。アイツは基本、ホームラン狙いのバッティングしかしないんだよ。だから大振りがどうしても目立つ。3番なんだから、塁に出ることが大事なのに……。

この年の門田は１２０打点で打点王。後続の4番の私は、83打点やで。私は何度も言ったんだ。

「振り回さんでも、ミートが良ければホームランになるで。もっとコンパクトに振れよ」

だけど、聞くわけがなかった。

やきもちじゃなくて、やっぱりどんな時でもホームランを狙っている、というのは困るんだよ。野球はチーム全体でやるものなんだから。そこで、ちょうどその頃、巨人とのオープン戦があったから、王が打撃練習をしているところに、門田を連れて行ったんだ。そして、王に聞いた。

「ワンちゃん、ホームランって、狙って打ってるの？」

「とんでもないですよノムさん。狙って打てるものなら、もう1000本は超えていますよ(笑)。あくまでホームランは、ヒットの延長です。ノムさんはどうなの？」

「いやあ、俺も全く同じで、狙ったことなどないんだけど、この門田がそれを信じてくれないんだよ」

少しは効果があったかと思いきや、門田はふくれっ面をしている。そして言うには、

「監督！　俺の打撃を変えるために、王さんと口裏を合わせたんでしょう⁉　一芝居打つなんて、監督はずるい！」

こう言うのもなんだが、シーズン55本塁打の男の言うことにこれやで！　聞く耳をまるで持たない。だから私は、あの言いまわしを、ここでもリプライズすることになるんだ。「監督時代の三悪人は、江本、江夏、そして門田」と。

「人を見て、法を説け」

『法華経』にある言葉だ。「相手の人柄や能力を見て、それにふさわしい助言をすべきである」という意味だよ。特に個性的な選手を前にする時、私の胸にこの教えは響いた。そこで、耳を貸さず、相変わらず大振りが目立つ門田に、私は一計を案じた。1976年ごろだっけな。門田が打撃練習中、こう言ってやったんだ。

「おお、それだ！　そのスイングだ！　お前はホームランを狙って、ブンブン振り回せ！」

「……？」

門田は、何か考えたようだった。すると、それから、徐々にバッティングが変わって行ったんだよ。

具体的には、あれほど直接言っても聞き入れなかった、コンパクトなスイングを心がけるようになったんだ。なんのことはない。ヘソ曲がりだから、私が「ホームランを狙え！」と言った、逆のことをやったんだ。我ながら上手くはまった操縦法だった、健全かと問われれば、そうではないとも思うけど。

加えて言うと、以下のようなデータもある。・250↓・300↓・309↓・310↓・269↓・280。

1970年からの、門田の打率の推移だ。74～75年は、少し下がっていたから、助言を聞き入れるというか、逆を行く気にもなったかも知れないね。因みに70年からの本塁打数は8、31、14、18、27、19。ホームランにこだわっていた割には、波があるだろう？　やはり振り回すだけでは、当たりはずれがあるんだよ。このアドバイスをした1976年、門田の打率はジャスト3割に復帰した（本塁打数は22本）。

この手の〝騙し〟テクニックはよく使ったよ。相手の気持ちを逆利用するというのかな。

例えばヤクルト監督時代、1994年の阪神戦でのことだ。同点の5回、2死ランナー3塁で、当時は阪神の主砲、オマリーを迎えた。こちらの投手は荒木大輔。だが、直近の試合でも不調が続き、この時も本調子とはとても言えなかった。とはいえ、まだ5回だし、代わりの投手投入もためらわれた。さりとて、オマリーはオマリーで、阪神に来て4年目だったが、それまでの年度打率が全て3割を超えていた。

どうするか。迷った私は、荒木の元まで歩いて行った。専任では計16年間監督をやったが、私自身が試合中、マウンドまで出向いたことは、全部で5回もないはずだ。それだけに自分で言うのもなんだが、珍しい場面であったと言える。

荒木、そして集まった古田らに、私は言った。

「ランナーなんて気にするな。勝負すればいいんだ。勝負すれば」

なんのことはない。普通のことを言っただけだった。ところが日本に来て4年目のオマリーは、これを見て考え過ぎたようだ。監督がマウンドまで来て、何を話しているのかと。まして や2死3塁。何か奇策を考えているに違いない。自分が強打者だからこそ、わざわざの監督の登場は、自分を警戒しているはずだと。そうだなあ、最低でも、敬遠気味に攻めて来るとか思ったんじゃないかな。

ところが私の意図をよく汲んだ古田は、1球目はど真ん中のストレート。先ずこれをオマリーは見逃した、というより、手を出さなかった。2球目はやや外寄りだったが、これもストライク。オマリーは、これにも手を出さなかった。次にまた、ど真ん中のストレート。オマリーは手を出さなかった。

終わってみれば、3球三振。オマリーの、狐につままれたような表情が忘れられない。

楽天監督時の2009年の中日戦では、8回裏、2死満塁のピンチで中日から代打の立浪

（和義）が登場（5月27日）。この時は、投手コーチではなく、バッテリーコーチを伝令としてマウンドへ送った。立浪と言えば巧打者かつ、この時はベテランだからね。普通に対応していては打たれていただろう。投手の方でなく、バッテリーコーチが行くことで、立浪がさらに迷うだろうと思ったんだ。結果は立浪のピッチャーゴロだった。

門田は1977年には、打率・313を記録。私はこの年に南海の監督から外れたが、時と場合に応じて小回りの利く打法を見せていたのは確かだし、その後も期待出来たのは確かだ。ところが1979年、アキレス腱を断裂。復帰が危ぶまれたが、80年に初めて40本を超えるなど、門田の本塁打数は、ますます増えて行った。

理由があった。それは、アキレス腱断裂後の、避けられぬ事態だった。門田自身、「足に負担をかけないためには」と、もう全打席本塁打狙いにならざるをえなかったようだ。結果、前述のように81年、83年、88年と、本塁打王を獲得した。

中でも88年の本塁打王獲得時、門田は既に40歳。ホームラン数は44本だったが、シーズン終了後に、パのMVPに5位の南海から選ばれていた。優勝チーム以外では、滅多にあることではないよな。気が付けば、1973年、兼任監督としてチームを優勝に導いた私が受賞して以来の、南海からのMVP選出だったんだよ。

そして、南海はこの年の秋、ダイエーに身売り。最後の南海戦士となった門田はいったん、オリックスに移籍したが、後にダイエーに〝復帰〟。引退後も、こんな呼称で呼ばれる。「ミスター・ホークス」とね。

私は2013年、『私の教え子ベストナイン』（光文社刊）という本を書いた。ベストナイン外野手の1番手には、門田を挙げておいたよ。

第4章　賛辞　〜褒める、ノムさん

南海時代、扇の要としてチームを支えた

○宇宙人のような若者と対峙する方法

「結局、9つのポジションの中で、どこが一番やりたいんや?」

江夏、江本など、かつての教え子たちには、「監督としては、放任主義」と言われることもある私だが、いざ教えることになれば、力も入る。阪神監督時代の1998年11月5日、秋季キャンプに合流し、監督としての初日を迎えた私は、ある有望打者に、

「打撃は手で打つんですか? 下半身で打つんですか?」

と聞かれ、話し込んだ。

「両方で打つんや。じゃあ聞くが、右手と左手、どちらが大事だと思う?」

右打者の彼は言った。

「左手です」

「両方大事じゃ。人生と打撃、どちらも大事だろう?」

こんな調子で15分ほど経つと、彼は言った。

「あの……いっぺんに色々言われると、よくわかりませんから、今日はこの辺でいいです」

自ら教えを請うのを断ち切った彼の名は、新庄剛志だった。

1998年10月、私は時の久万(くま)俊二郎オーナーに請われ、阪神タイガースの監督に就任した。同年、ヤクルトの監督を退任して直後のことだったんだけど、実はその間にも話があって、本当はNHKの解説者になることが決まっていたんだよ。というのも、NHKには好感を持っていてね。今、ほぼ全ての野球中継で用いられる、投球ゾーンを9分割して分析する映像があるだろう？　あれはもともと私が考えたんだ。その名も、「野村スコープ」。

現役引退後、最初に解説を務めたテレビ朝日でね。プロデューサーが「何か野球中継に、新たな趣向を出せませんかねえ？」と相談して来たから、「こういう風に、画面を9分割して解説するのなら、出来ますよ」と言ったら、即採用されたどころか、すぐさま他のテレビ局も無断で真似しおった。

ところがNHKだけは、こう電話をかけて来たんだよ。「必ずしも同じものにはしませんから、『野村スコープ』を真似て放映して宜しいでしょうか？」。さすがはNHKだと思ったわ。それにしても、本当、著作権をとっておくんだったな。

なんにせよ、NHKには悪からぬ気持ちを持っての解説就任話だったんだよ。ところが阪神からの話が来て、迷っていると、NHKの方も、「野村さんはユニフォームを着ていた方がいいです」と……。そんな出来事があっての、阪神監督就任だった。

さて、冒頭の逸話は、阪神ファンにはお馴染みのキャンプ地、高知県安芸市でのことだ。実は新庄には、以前から注目していた。俊足ぶりには目を見張るものがあったし、肩は、我々の世界で言われる、「バカ肩」。驚くほど肩が強いという意味だ。大袈裟じゃなく、メジャー選手顔負けの強肩を持っていた。

ところが、右記のキャンプでの最初の会話から、これはおかしいぞと思った。江本、江夏、門田の三悪人と、タイプが違う「変人」。あるいは、マスコミがよく評していたように、「宇宙人」。そんな不可思議さを感じた。

「言葉は戦力である」という主旨の本書だけど、彼は彼で随分、迷言の類を残しているようだね。

「巨人戦だから、4打席5安打くらい打ちたい」

「チャンスでしか打てないバッターと言われたい」

「いっぱい塁に出たから疲れました」

「ジーンズが似合わなくなるから、筋トレはしません」

「主食はポテトチップ」……。当時から人気者だったから、マスコミが面白おかしく脚色した部分もあるだろうし、本人のユーモア含めてのリップサービスもあるだろうけど、私は実際、「なんで盗塁せんのや?」と彼に聞いて、こう言われたことがあるで。

「僕は盗塁に興味がないんです」

新庄を一言で言えば、失礼ながら、頭の回転がよくない。つまり、理詰めの論法は一切通用しない。そこで私は一計を案じた。自由にやらせ、褒めまくるのだ。ブタもおだてりゃ木に登る、という言い回しもある。私は翌年の春季キャンプ入り前、彼に聞いた。

「お前、外野だけじゃなく、今までショートや3塁もやって来たみたいだけど、結局、９つのポジションの中で、どこが一番やりたいんや？」

「監督、それはもちろんピッチャーですよ」

「じゃあ、やってみろ」

大谷翔平に先立つこと、14年前の二刀流構想は話題を呼び、初の紅白戦（2月13日）では、安芸市営球場に、１万８０００人のファンが集まった。これは阪神が2位になった翌年の１９９３年2月以来の大入りだったらしい。だが、ここでは新庄は投げず。21日の紅白戦に先発したんだが、この時はなんと、それを上回る観衆2万人が集まった。ところが1回を投げて3安打3失点。にもかかわらず、登板後に、新庄はこんなコメントを残している。

「僕主導で野球が始まるから気持ちがいいですね」

調子に乗っている新庄の次の舞台はオープン戦だ。相手は巨人で4回から登板（3月5日）。すると、元木大介、二岡智宏、後藤孝志を相手に、三者凡退に抑えてしまった。しかし、この試合で左肩を痛め、さらに左太もも裏の肉離れまで発症。結局、次の登板は16日後となったが（3月21日・ＶＳダイエー）、ここでの新庄は1回を投げて1安打1失点。しかも初の三振も奪っていた。

この時の私の本音を言えば、（困ったな）だった。実は、どうせ無理だろうと思い、新庄に実際に投手をやらせてみて、その難しさを体感させ、諦めさせたかったのだ。

結局、左太もも裏を再び痛め、離脱。なんとこの年の開幕戦（４月２日）に間に合わず、初出場は開幕から11試合目であった。二刀流構想は、ここに終わりを告げた。新庄が私に、「ピッチャーは大変ですね」「ストライクを取るのは難しいですね」と言って来てくれただけでも、効果はあったと思う。実際やらせてみて、困難を体感させることも大事なことなんだ。彼が後年、私にこう言ったことがある。「監督、1億稼ぐなんて、簡単ですよ」。そして、早くに引退（2006年、34歳で引退）したけど、2019年の秋に、現役復帰宣言をしたらしいね。モチはモチ屋。ほかの道を行って、稼ぐことの難しさに気付いたんじゃないか。

そして、考えてみれば、この自由&賞賛作戦を、新庄以外の阪神の選手たちにも適用すればよかった。阪神は、私が思っていた以上に、子供のチームだったのだ。

兆候は、最初のキャンプミーティング時からあった。私はこの時から、自身の考えをプリントにして配ることにした。最初は人間形成論から入り、徐々に野球理論に移して行く。もちろん、ミーティング時はそれを片手に講義をした。すると、阪神の選手たちが、テキストを見ずに、やたらと他のものを見ているのに気づいた。

腕時計だ。早く終わらないかなあと思っているのである。実際、終わると、「飲みに行こうぜぃ」と誘い合って、夜の店に繰り出す選手たちの姿があった。

瞬間、私は、失敗したなと思った。紙に書いたものを渡さず、ヤクルト時代のように、ホワイトボードに教えをずっと書けば良かった。ホワイトボードがいっぱいになるとそれを裏返し、新たな面に書き続ける。その間に、文字で埋めつくされた面を、球団職員が消す。そして私は、再び、ボードを反転させ、真っ新になった面に書き続ける……。こんな作業をヤクルト時代は繰り返して来た。

選手たちは、追いつこうと、必死にメモを取る。この〝書く〟という行為が大事なのだ。知識の会得に、もっともダイレクトに作用する。これは受験勉強を経験された皆さんならわかるんじゃないだろうか？

また、思い出せば、ヤクルト時代の最初のキャンプ地が（アメリカ・アリゾナ州の）ユマであったのも良かった。周りに遊びに行くところが何もないので、野球に集中せざるをえないんだよ。阪神の安芸キャンプは名物だし、いまさらこんなことを悔恨してもしょうがないんだけれど……。実際、歓待ぶりは凄かった。観客動員については先に述べたが、私たちの写真が入った官製ハガキが四国の郵便局から発売になっていたくらいだからね（2000年2月より）。

シーズンに入れば、大阪、いや、関西をあげて、阪神を応援や。私は知らんかったが、阪神がその日、勝つと、宿泊料金を1人2800円にする「猛虎プラン」を導入するホテルがあったらしい。負けても同プランなら、8200円だって（通常シングル料金1万3000円・「ホテルニューアルカイック」。1999年8月）。料金は、私の阪神監督時代の背番号「82」にあやかったみたいだ。他にも、新庄剛志と同姓か同名の人なら、宿泊料半額とか……（「甲子園都ホテル」・1999年）。

後から気づいたことだが、こういった風潮が阪神の選手たちの甘えを生んでいたと思う。

（当時）毎年Bクラスなのに、1勝でもすれば、まるで首位に立ったかのようにチヤホヤする周囲とマスコミ。もっとも、私もその例に漏れなかったんだよ。ヤクルト時代の監督のイメージの名残か、この1999年の前半には、「理想の上司」といったアンケートでトップに立っておった（「シャープ株式会社」の新卒新入社員アンケート等）。「ノムさん弁当」なんてのもあったとか。卵焼きに私の笑顔がくっきり押されとったらしいで（阪神百貨店が発売・1999年）。なんや、私の黄金像「純金ノムさん」も有名だったね（100万円にて。阪神百貨店）。

しかし、それこそミーティングから私は手綱を締めたつもりが、選手たちは変わらなかった。この時期の私のチーム作りは、「弱者が強者に勝つ野球」と言われていた。だが、監督3年目の講演会で、私ははっきり言ったよ。

「弱いと思っているうちはまだいい。阪神の選手たちは、自分たちが『勝てない』と思っている。負け犬根性が染みついているんです。周囲が甘いから、勝たなくてもいいと思ってるんです」

返す刀で、こうも言った。「強いチームのベテランは、若手を良い方向へ、弱いチームのベテランは、若手を悪い方向へ導く」とね。この時期は、この手の成句ならナンボでも出せたわい。

そして、何より痛感したのが、在阪マスコミの怖さだった。調子が良かった時期はいいが、負け始めると、一斉に監督とフロントを叩きはじめた。記者たちも、直接取材する選手たちには、嫌われたくないんだろうね。私の得意のボヤキも、単なる選手批判ととられた。そこかしこで言って来たことだけど、私は選手に直接、意見することは余りないんだよ。それは、他から「ノムさんがこう言ってたよ」と聞いた方が、より心に残るだろうという計算からなんだ。皆さんも、直接褒められるより、褒めていたと他人から聞く方が嬉しいだろう？

だが、阪神というか、在阪マスコミでは、この方法論は一切通用しなかった。曲解して、悪口の記事にしてしまうんだよ。そんな風で、チームが上手く回るわけもない。正直、監督として2〜3年目は、こんな在阪マスコミに恐怖を感じていた。私は次第に貝になって行き……2001年末、阪神監督を外れる形となった。

それから、社会人野球のシダックスと、楽天の監督をやることになったわけだけど、阪神監督時代の経験から、ミーティングでテキストを使う時は、その冒頭に、こう添え書きするようになったよ。

「屁理屈だと感じる方は、読むのをおやめ下さい」

⚾

阪神監督時代は、2年目より、私もミーティングに力が入らなくなり、回数も減って行った。ところが近年、当時の選手にそれを後悔させられることがあった。

先ずは、2019年より阪神の監督を務めている、矢野燿大（あきひろ）だ。リードについては、私と一緒にやっていた時代のことが、随分役に立っていると言ってくれた。監督就任が決まって初のドラフト会議（2018年10月25日）の前日、わざわざ拙宅まで挨拶に来てくれたよ。

もう1人が、阪神一筋22年、桧山だ。「代打の神様」と言われた彼が、私のミーティングや、ベンチでボヤいていた投手の球種分析こそ、今の糧になっていると振り返っていたのだ。思い出すのは阪神監督の2年目。打撃の成績が落ちて来て、夏にレギュラーの座を剝奪したことがあった。すると、彼は以前にも増して、猛練習するようになった。「この姿勢はいい」と感じた私は、彼を2軍に落とすことはしなかった。するとどうだ。2001年には28試合連続安打を記録し、打率はプロ10年目にして初の3割に。桧山は2013年、引退する時、こう言い残してくれたようだ。

「(2001年)監督室に呼ばれ、『初の3割か。おめでとう。打撃の中心選手としてよく頑張ってくれた。ありがとう』と言って下さいました。この言葉は、一生忘れません」

阪神時代、特に後半は、全力でミーティングや知識の伝授をしたとは言い切れない。だが、しっかりと、見てる選手は見てくれていて、自分の中に取り入れていたのだ。私も私で、指導者が途中で責任を投げ出すことをしてはいけないと、痛感した次第だったよ。阪神時代は苦い思い出しかないけれど、この2人だけでも私の教えが役立ったと言ってくれるなら、それはそれで価値のあることだったのかもね。

矢野へのアドバイス?「在阪のマスコミ対策はしっかりせえよ。典型的な『勝てば官軍、負ければボロカス』だから」と言っておいたよ。

○「彼を知り己を知れば百戦あやうからず」

「心配ない。お前は環境が変わるのをエネルギーに出来るタイプだ」

若かった頃の古田なり嶋なりの、いわゆる捕手が、私が投手の配球を当てるのに驚いていたことがあったのは述べて来た通りだけど、プロ14年目の打者が、私にこう言って来たことがあった。

「監督、カーブでした。バッチリでした！」

言われた通りの球が来たという意味だ。忘れもしない、1997年、巨人との開幕戦の時だった。彼は前年、1軍での打撃成績が、8打数の1安打に終わっていた。

同じく前年、私が率いていたヤクルトは、巨人に手酷くやられた。巨人は優勝し、我が軍は4位。そこで、この年を迎えるにあたってのミーティングには、巨人対策に極めて多くの時間を割いた。開幕戦の直前なんて、毎日2時間以上はやっていたし、その前日は、スポーツ紙によると、2時間40分。ちょうどその年は、清原が巨人にFA移籍して来た年だから、ミーティングが終わると、待ち構えていた記者たちは聞いて来た。

「清原対策は？」

私は答えた。

「清原には穴がある。マスコミは過大評価し過ぎや」

翌日にはこの発言が紙面を賑わせた。だが、これは、それこそVSイチローの内角攻めの時のように、嘘だった。清原対策など、別にしていなかった。開幕で、清原や松井秀喜を抑えて勝ったところで、それはただの1勝。それより、私たちが抑えなければいけない相手が巨人にはいた。エース斎藤雅樹だ。ヤクルトは前年、斎藤と7回当たり、0勝6敗。他に巨人の投手は槙原や桑田がいたが、ミーティングで彼らにかける時間はそれぞれ10〜20分程度。しかし斎藤に関しては、それこそ1時間以上かけて対策を話すことが多かった。

斎藤の特徴自体は、私は早くから見抜いていた。球威のある本格派だが、3ボールになることも多い。そこで、3ボール1ストライクになると、外から入って来るカーブを投げるのだ。特に左打者相手にこの傾向が強かった。バッターとしては、3―1のカウントだから、打つには有利だ。そこで、打ちやすい真っすぐを待ち、結果、このカーブを見逃して2ストライクになることが多かった。私は口を酸っぱくして「3―1からはカーブを狙え」と教え込むのだが、どの打者も、なかなか思うように打ち返せていなかった。私は思った。（斎藤キラーが必要だ……）。そして、斎藤にしてやられた1996年の末、それこそ降って湧いたように、以下の情報が入って来た。

「広島　小早川毅彦、自由契約選手に」

小早川の印象は、「サイドスローに、滅法強い選手」。ご存知のように、斎藤はサイドスローの投手だ。そこで、それまでの斎藤との対戦成績を調べてみると、70打数22安打、打率・３１４。ところが、１９９６年は代打のみの出場で8打数1安打に終わっており、しかもその１本が彼の１０００安打目。シーズンが終わると、球団からは引退を勧告されていた。球団職員の道を打診されたそうだ。代打での登場も、１０００安打目を果たさせてやりたいという広島の親心というか、お情けだったんだね。しかし、小早川は現役続行を強く希望し、自由契約に。当時、35歳で、「まだやれる」と判断した私は、迷わず獲得に手をあげた。

中国の兵法書『孫子』にこうある。

「善く戦う者は、勝ち易きに勝つ者なり（戦に長けたものは、常に勝って当然という状況を作った上で戦に臨み、勝つべくして勝つ）」

そして、同じく中国の思想家、荘子の書『荘子』に、こんな文言もあった。

「梁麗は以て城を衝くべくして、以て穴を窒ぐべからず」

大木は、城を突き破るのには適していても、小さな穴をふさぐには使えない。転じて、人間も、適材適所で使うべきなのだ、という意味だ。

４番打者ばかり集めても、優勝出来ないチームとか、あったろう？　私の配下にあった中で、思い出すのは赤星（憲広）だ。社会人野球（ＪＲ東日本）を観に行った時、目に留まったんだが、スカウトに言うと、こう返って来た。「足が速い〝だけ〟ですよ」。どうも、スカウトはスカウトで、城を突き破る大木のような選手ばかり探しがちなんだな。だが、前にも言ったように足の速さは天性の素質。代走でも使えるだろうと2001年に阪神で獲得すると、盗塁王はおろか、1年目から新人王を獲得。バットにチョコンと当てれば内野安打になる。「（当たりやすいように）太いバットを用意せえ」とアドバイスしたのを覚えているよ。結果、・292という好打率も残すことが出来ての、W受賞となったんだな。

勝って当然という状況を作るために、そして、それこそ私たちの穴をふさぐために、この時は小早川がどうしても必要だった。彼に斎藤を打たせるのだ。獲得が決まった瞬間、私は開幕の巨人戦での彼の起用を決めていた。斎藤はその前年まで3年連続で開幕戦に完封勝利していて、1997年のその時も、出て来るのは確実だったからね。

自明だが、ヤクルトでは新参者の小早川もミーティングには連日参加。すると、彼は言うんだ。

「監督、初めて聞く話ばかりです」

「そこまで深く、野球を考えたことがない」

「勉強になります」……。

「感心ばかりしていても、しょうがないぞ」と、私はボヤキで返していた。それこそ、『野村ノート』（2005年・小学館刊）などが出てからは、こちらを読んでからプロ入りする選手も増えたようだけどね。この時期は他球団から来た選手は、得てして、「目からウロコ」を繰り返していた。自分で言うのもなんなんだが。

キャンプで初めて会った時かなあ、小早川に聞いたんだ。

「お前は、自分で自分を、器用なタイプだと思う？　それとも、不器用なタイプだと思う？」

小早川は答えた。

「どちらかというと、不器用なタイプだと思います」

私は一蹴した。

「ワシの見る限り、お前は器用なやりかたをしている。相手のことはもちろん、自分のことも分析しなさい」

これも『孫子』からだが、

「彼を知り己を知れば百戦あやうからず」

という、知られた名言があるね。「彼」は「敵」と置き換えられる。ご存知のように、敵はもちろん、自分のことを熟知していれば、百戦やっても負けることはないという意味だ。ところが、この「自分を知る」ことが、実は非常に難しいんだな。

まさに小早川を例に挙げようか。開幕戦、彼を「5番・1塁」でスタメン起用すると決めた私は、彼に言った。

「お前は、法政大学の1年目でレギュラーを務め、4番で大活躍（＊史上最年少でベストナインにも選出）。広島での1年目は新人王だったよな（1984年）。だから心配ない。お前は環境が変わるのをエネルギーに出来るタイプだ」

私なりに調べ、出した結論だった。良いところを褒め、暗示にかけたい気持ちももちろんあったが、「1年目は自分は活躍している」という事実、果たして自分ではわかるものかな。答えはノーだろう。少し具体的過ぎる例えかもしれないが、やっぱり自分をよく知るっていうのは難しいんだよ。

迎えた開幕戦、小早川は第1打席で、斎藤の初球のストレートを、バックスクリーン右へ持って行った。注目は次の第2打席だ。カウント3ボール1ストライクからのカーブを右翼席中段へ運んだ。ダイヤモンドを一周し、ベンチに帰って来ると、興奮した面持ちで言ったよ。

「監督、カーブでした。バッチリでした!」

それだけじゃない。第3打席は斎藤のシンカーを右翼席へ持って行った。斎藤―村田真一のバッテリーは、真っすぐ、カーブとホームランにされたから、球種に事欠いたのだろう。シンカーを連続で放って来たところを、小早川が捉えたわけだ。伝説とされた、「小早川の、3打席連続ホームラン」という奴だよ。因みに第4打席は四球だった。

理想的な開幕戦だった。清原や松井を抑えたところでただの1勝と先ほど書いただろう。ところが斎藤を打ち崩せば、斎藤の中には、苦手意識や、攻め方への疑問が湧く。斎藤に、後に響く負け方をさせたわけだ。

この試合は135試合のうちの1つじゃない。やはり135分の135だったんだよ。実際、1995、1996年と、18勝、16勝と挙げていた斎藤は、この年、右肩の故障もあったが、6勝で終了。それまで得意として来た攻め方を、この日、確かに破ったという自負はあったよ。斎藤としては少なくとも、自分の攻め方に対する逡巡はあったんじゃないかな。それまで上手く行っていただけにね。

そして、人はそこからの変化を嫌う。それは「変化によって失うものは明確に見えるが、新たに得られるものは見えない」からだ。行きつけのレストランだと、頼むメニューがいつも同じになりがちだろう。それは、違うものを頼んで「いつものおいしさ」を失うのが怖いからだと思うんだな。

「朝聞夕改（ちょうぶんせきかい）」

中国の歴史書、『晋書』にある、私の好きな言葉だ。「朝に自分のあやまちを聞いたなら、夕べには改めよう」、つまり、変化することを素直に受け入れようという意味だよ。似たような四字熟語でも、「朝令暮改」は、考えがコロコロ変わる、組織としての優柔不断さを表した言葉だけど、「朝聞夕改」は、いついかなる時でも人は変われるという前向きさを感じて、これこそ、進歩のために必要なことだと思っている。

ところで、小早川なんだが、この翌日の巨人戦では、4打席連続三振を喫したんだ。「野球ってのは、本当にわからないもんだな」と、私もボヤいたのを覚えている。新聞に載った小早川本人の述懐によると、私は、「また明日や。本塁打はスランプのきっかけ。知らないうちに体がホームランを狙うようになるからな」と言ったらしいんだが……。覚えてないなあ。

さらに、広島時代の小早川には、私はこう言っていたらしい。

「またベンチか。お前はウチに来れば、即レギュラーやで」

さらにヤクルトに誘う時には、「お前はまだやれる。ウチに来てやってみないか」。

この年、ヤクルトが優勝したこともあるが、美談めくよね。小早川は、真面目な男だから、私への忖度も入ってるんじゃないか？

事実、熱心な男だから、この年のミーティングで取ったノートは、まるまる大学ノート1冊分だったとか。先の阪神時代の状況とは、えらい違いやな。そして、最近、マスコミでこう述懐したようだ。

「（だから）『野村ノート』は買わずに済みました」

そこは買っておけよ、と思うのだけど。

○部下を平等に扱うことの大切さ

「もう1人じゃないか。行けるだろう？　頑張れよ」

選手として3球団、監督（プレイング・マネージャー含む）として4球団、プロの世界で渡り歩いて来た。なので、影響を受けた人物に、私の名前をあげてくれる選手も今では多い。最近では、2019年に引退した上原浩治が、私の著書に学ぶべきものがあったと言ってくれていたようだ。恐れ多いことだよ。私も上原は、一目置く投手でね。阪神監督時代の3年間に、計10勝を献上したわい。ただ、彼のプロ初登板では黒星を付けたんだけどね。誰も覚えてないか……。

当時の阪神に投げた総計は、107回3分の2でわずか15四死球（2敬遠含む）と、恐るべき制球力だった。内角高めへの制球力も優れていた。上原本人にその極意を直接聞いたら、「ブルペン捕手に右打席に立ってもらい、『当てたらゴメン、食事をおごります』と言いながら練習しています」と言っておった。見上げたもんだ。

「練習は不可能を可能にす」

7代目慶應義塾塾長の小泉信三さんの言葉だ（＊こちらが刻まれた碑も同大学日吉キャンパスにある）。今だからこそ言えるが、楽天の若い投手にはよく、「上原を見習え」と繰り返したもんだよ。

そういえば背番号も私と同じ「19」。引退時、共演したスポーツニュース（TBS系『S☆1』）では、表彰状を渡したよ。

「表彰状　あなたは日本のみならず、アメリカでも野球界発展に貢献されました。私は自分を月見草と称し、あなたは雑草魂と称されていましたね。月見草と雑草、陽が当たらないところで育った私達だからこそ、今の自分があるのかも知れません。日米で培った経験を球界に還元してくれることを期待し、ここに賞します」


話が逸れたが、私に対して、有形無形の関わり、その恩を口にしてくれる選手は、嬉しいことに確かにいる。だけど、実は監督時代の私は、選手と個人的な付き合いを一切したことはない。仲人の類はもちろん、1対1の食事すらない。古田の仲人は、当時、投手だった伊東昭光がしたんじゃなかったっけな？　ただ、スピーチを頼まれたから祝辞とともに、トルストイの名言を引用してみた。

「金のないことは悲しいが、金が有り余るのはその2倍悲しい」

年俸高騰気味だった古田をチクリという奴だ。愛弟子の結婚時すらそれだからね。いかに個人的な関係を避けて来たかが、少しは分かって頂けたんじゃないかな？

その理由は、私の南海選手時代にあった。

普通、選手はネクタイを締めて球場には来ない。すぐユニフォームに着替えるわけだし、仕事だと思えば、それこそ我らの正装だからね。ところが鶴岡監督政権時、しばしばスーツを着て来る奴がいるんだよ。それも、特定の誰それではなく、私以外の、多勢の選手が。ある時、疑問に思った私は、珍しくスーツを着て来た鈴木孝雄という選手にその理由を聞いた。南海では主に控え捕手だった男だよ。

「実は（鶴岡）監督に、食事に呼ばれていて……」

なるほど、そういうことか。気づけば、私を除く、ほぼ全ての選手が、監督と飯を食いに行っていた。特に饗応を受けていたのは鶴岡監督と同じ、六大学の出身者だった。書いて来た通り、私は高卒である。

こんなこともあった。１９６０年に最初の結婚をしたが、その翌年の元旦だ。鶴岡監督の家に、妻を連れて新年の挨拶に出かけたんだ。ところが玄関を開けたらびっくりしたね。土間を埋め尽くした靴、靴、靴……。南海の選手たちだった。

既に私を除く他の選手たちが集まり、酒宴を張っていたのだ。もちろん私はお呼ばれをされていない。しかも、出て来た鶴岡監督は、私の顔を見ると、「おお、お疲れさん」だけ。普通、「上がっていけよ」とか言うもんじゃないか？　私はすぐに踵（きびす）を返した。こんな仕打ちを受けて、面白いわけがない。

この一連の扱いで、私は誓った。もし自分が上に立つような立場になったら、選手のひいきは絶対にするまいと。グラウンド以外で特定の選手と付き合い、他の選手の気持を揺らし、チームの和を乱すようなことはしないのだと。

特例はある。例えば一時、私と同じマンションに住んでいた江夏はそうかも知れない。彼に南海入りを口説く時は、こんな言葉を使った。

「お前が投げて、俺が受ける……。これは芸術やで！」

彼が血行障害で、長いイニングを投げられないとわかった時、つまり、先発投手としてはもう難しいと思った時の殺し文句はこれだ。

「球界に革命を起こしてみないか？」

当時は極めて珍しかった、抑え専門の投手として再出発してみないか?という意味だった。抑え転向への打診はそれまでもしていたが、なかなか首を縦に振らなくてね。そこで右のキラーワードを用意したわけだ。投手というのは、「俺が」「俺が」の王様タイプが多い。江夏なんてその典型だから、そのプライドをくすぐってやる表現を用意したわけだな。

ただ、誓って言っておきたいのは、江夏が同じマンションに住んでいようが、私の部屋に相談に来ようが、それはあくまで、私の中ではグラウンドの延長だったということ。仕事として捉えていた部分で、選手として彼だけをえこひいきしたことは絶対ない、ということなんだ。言うまでもなく、抑えとして重用したのは、彼に実力があったからだよ。

だから、私が、どんな投手に対しても、一定したスタンスを取って来たことがある。

私は、先発投手を、勝利投手の権利がかかる、4回と3分の2で代えたことはないんだ。

サンケイアトムズ（後のヤクルト）のオーナーだった水野成夫さんに、こんな名言がある。「男として生まれて、なってみたいものが3つある。1つは連合艦隊の司令長官、1つはオーケストラの指揮者、そしてもう1つがプロ野球の監督だ」

水野さんは監督でなく、それより上位なオーナーだったわけだが、その水野さんをしてこう言わしめたのだ。才能と個性を持った大勢の人間をまとめあげ、自分の思い通りに動かし、目的を達成する。これほど男冥利に尽きる役職はないということだろう。私はそのプロ野球監督を、計24年間務めた。だから、かなり自由にやって来たことも確かなんだよ。

阪神監督時代の、左投げ遠山奬志と右投げ葛西稔による、ワンポイント・リリーフとかそうだよね（＊相手投手の左右によってポジションを交代する継投策。マウンドに遠山がおり葛西が登板する場合、遠山が1塁に回り、葛西が最低1人の打者と対戦後、今度は遠山がマウンドに戻り、葛西が1塁に回るというもの）。いわゆる、奇策という奴だ。他に、守備ではランナーを牽制で呼び出すピックオフ、攻撃時には1塁ランナーがおびき出されたと見せかけて、残った3塁ランナーがホームを狙うダブルスチール等々。私自身、何を隠そう、これを利用して、兼任監督時代を含め、ホームスチールを7回も成功させているんだ。鈍足だと思われているから、先ずバッテリーは警戒しないんだな。

もちろん、投手交代も監督の腕の見せ所だ。ところが、4回3分の2ともなると、私は思わず投手に、こう言ってしまうんだ。

「もう1人じゃないか。行けるだろう？　頑張れよ」と。

先発投手は5回以上投げ、リードしたまま試合が終われば勝利がつく。先発投手がこの条件を満たさなければ、それ以降に投げた投手は、リードした状態で、最も多く回数を投げた投手に勝ち星がつくようだね（『公認野球規則』9・17「勝利をもたらすのに最も効果的な投球を行なったと記録員が判断した1人の救援投手に、勝投手の記録を与える」）。

先発投手が4回と3分の2を投げた場面で私が交代させれば、投手は権利を得られない。その生殺与奪の権を、監督は持っているわけだ。だが、もし私が、その投手に個人的にご馳走していたり、もしくは試合が終わった後、「今日は直前で代えて済まなかったなあ」と、ねぎらいの席を設けていたりする人間なら、それも出来たかも知れない。しかし、選手は私にとって、横一線。だからこそ、極めてフラットな視座で見ることしかできないんだよ。差別はして来なかったつもりだ。そのことで思い出す投手がいる。

⚾

1997年、本格派エースとして、甲子園の土を3度も踏んだ投手が、ヤクルトに入って来た。だが、その時既に、齢31を超えていた。野中徹博だ。

1983年、阪急のドラフト1位だった。入団後、指導によりピッチングフォームを変えさせられ、あげく、肩を故障。ウイルス性肝炎の罹患や肩の手術で、結局、練習生に格下げに。1989年、球団が身売りで阪急からオリックスに変わると、内野手に転向となった。当時の記録を見ると、ウエスタン・リーグで3割を打っている。だが、1軍出場はなく、自由契約となり、この年、現役を引退した。引退後は地元に帰ってさまざまな仕事をしたようだ。健康器具の販売やテレビクルーの助手など……。札幌に渡ってラーメン店の修業を積んだり、東京に出て広告代理店業にも従事したりとか。だが、草野球をやっていたら、球速が140キロ近く出ていることに気付き、肩の痛みもない。一念発起して台湾のプロ野球チームのテストを受けたら合格し、入団となった（俊国ベアーズ・1993年）。

1994年、中日の入団テストに合格し、日本球界へ復帰。だがその2年後、中日から戦力外通告を受けた。そして、我がヤクルトにやって来たわけだ。こっちが引っ張ったんじゃない。野中が入団テストを受けに来て、合格したんだな。

オープン戦で7試合に投げ、防御率1・93。好成績だよ。私は、彼を巨人との開幕戦で起用した。3点リードで迎えた8回からの二番手。だが、2人目の松井に四球を与え、清原に中前に運ばれて降板。（でも、大崩れしないな）私はそんな風に見て、彼を、リードされている試合の中継ぎに主に登板させた。オーバースローの投手だったんだが、サイドスローにさせたり、それまで持ち球じゃなかったシュートを覚えさせたりしたよ。

そしてその時はやって来た。1997年5月27日の横浜戦。0―2とリードされている場面で、私は彼を、ある意味その年の方針通り、登板させた。5回途中から投げて1回3分の1を野中は無得点に抑えた。すると、直後の7回表にヤクルトが3点を奪い逆転。野中に勝利投手になる権利が転がり込んで来た。その後を、廣田浩章、加藤博人、伊藤智仁と1イニングずつ繋ぎ、野中は日本プロ野球での、初勝利。実に日本のプロ野球で10年かけての、1

勝だった。勝利投手インタビューを受けた野中は言った。

「忘れられない日になると思います。ここまでが凄く長くて。『自分には運がないのかな?』と思ったこともある。でも、『いつか勝てるんじゃないか』との思いでやって来た」

目には涙が光っていた。「監督さんに感謝したい」とも言っていたけど、違うで。私は普段通り、リードされている場面で、彼を使った。そもそも、野中は、この試合がシーズン14試合目やった。勝たせようと思って投手を使えていたら、監督なんて100戦100勝だよ。野中が実直に仕事をこなして来たからこそ、転がり込んできた勝利だったんだ。

選手によってひいきも差別もして来なかった。その分、ボヤキは多くなったけどな。だからこそ、意味のある勝ちだったかも知れないな。30超えた男の涙なんて、そうそう見られるものでもないから。

この時の野中のコメントには続きがあったとか。

「もし、僕より後の投手が、僕より長いイニングを投げていれば、勝ち星はつかなかったでしょう。監督さんの温情だと思います」

うん? 7回表にヤクルトが逆転したから、残り3イニングを1人ずつ、計3人で投げさせただけのことや。そういや、野中は1回と3分の1投げたから、確かに残りの3人より、打者1人分、多くは投げてるね。

わざと? そんなこと、よく覚えてないわ。

○激励の言葉に贅言はいらない

「毎日、お疲れさん」

褒められることが滅多にない私だけに、その思い出は鮮明に残っている。

南海で2年目の、2軍暮らしだった時だ。プロ野球選手が遊びに行くとすれば、酒宴、女、ギャンブルなのだが、酒が飲めず、女性に持てず、賭け事に興味がない私は、することがなく、夜は素振りばかりをしていた。すると、ある時、2軍監督が我々野手を集めてこう言って来たのだ。

「お前ら、手を見せろ！」

そして、居並ぶ先輩たちの手の平を見て、吐き捨てた。「揃いも揃って、女みたいな、綺麗な手、しやがって！」。ところが、私の両手を見ると、態度が豹変したのだ。

「おい、みんな見ろ、野村の手を！　野村、いいマメ作ってるな！　これこそプロの手だ！」

毎晩素振りを続けていた私の両手は、マメだらけだったのだ。以降、一層練習に力が入ったのは言うまでもない。この時の私は2軍が定位置で非常にくすぶっていたからね。予想外の褒め言葉で、より火が点いたわけだ。だが、プロ野球選手というのは、いや、人というのは、常に賞賛すれば良いというものではない。独文学者の西尾幹二さんの著書に、こんなものがある。

「自分で自分の身に下している評価よりもほんのちょっと上位のところ、それはじつに微妙な幅だが、納得いくその幅の範囲内で他人から評価されると、ひどくうれしいはずだ」（『人生の価値について』）

わかり易い例で言うと、お金だ。

来季の年俸が自分の予期した以上の金額だったら、選手たちだって、嬉しいだろう？　私はタイトルを獲ってからは、だんだんそういうことは無くなって行ったけど。１９６４年なんて、３年連続で二冠王になり、チームも阪神を下して日本一になったのに、年俸は２割のダウンだった。どう考えてもオカシイんだが、南海も金がなくて、出すのを渋ったんだな。代表選手の私の年俸を下げることで、残りの選手の分も下げようと画策していたらしい。ケチな南海の考えそうなことだよ。結局、ねばりに粘って３パーセントのダウンで決着したけれど、それでもダウンはダウンだった。

今では有名な話だが、長嶋茂雄はもともと、南海に来る予定だった。立教大学野球部で黄金時代を築いた大沢啓二さんが南海にいて、在学中の長嶋と交渉していたからね。「南海に来い」「はい」。運動部において、先輩の命令は絶対だ。それを見越して、球団は入団前から、小遣いを長嶋に渡していた。今じゃ大問題だが、当時はそういうことがまかり通る時代だったんだ。ところが、いざ、長嶋が南海入りする段になって、南海は今まで渡した小遣い分を、契約金から差し引くと言い出したんだ。こりゃ、長嶋じゃなくても幻滅するで！　そこに巨人がアタックして来て、まあ、今のプロ野球があるというわけだ。南海のしみったれぶりがわかろうというものだ。

少し話の方向を違えたが、先ほどの西尾さんの言い回しは、お金ではなく、もちろん褒め言葉のことを指したものだ。だが、気をつけなければならない。皆さんも経験があるだろうが、余り褒めると、言葉が安っぽくなるんだよ。

中でも、私の場合、特に難しかったのが、優勝争いをしている時の、リリーフ陣にかける言葉だった。ペナントレースも終盤となれば、彼らはフル回転となる。勝ちパターンで出て来ていた抑え投手だって、接戦やリードされた場面で出なきゃいけなくなって来る。連日、連投。どう考えても、彼ら自身、しんどい。しかし、優勝はすぐそこだ。

こういう時、「頑張ってるな」は禁句なんだよ。逆効果だ。だって彼ら自身がそれを一番わかっているわけだから。西尾さんの文章に照らし合わせて言えば、自分自身の評価より下の言葉を監督からもらったことになるんだ。だから、私は、優勝争いの際、リリーフ陣には、こう声をかけることにしていた。

「毎日、お疲れさん」

これで十分だ。言葉に贅言を費やす必要などない。頑張っているのは彼ら自身だとわかっているという姿勢が必要なんだと思う。

そう、言葉に助けられて来た野球人人生だった。南海時代、よく、喜劇役者の藤山寛美さんに似ていると言われ、球場でも、「アホの野村〜」と野次られた。とはいえ、南海と上方新喜劇は地元が同じ関西。藤山さんの知遇も得た。当時、巨人（のみ）の注目度の高さに対して猛烈なコンプレックスがあった私は、聞いた。

「藤山さん、人気って、いったいなんなんですかね？」

彼は答えた。

「人の気、と書くでしょ？　だから大変なんです」

自分の心持ちだけであがいても、なんともならない。人に考えを伝えることの大切さを知った。

言葉をさらに明確に意識したのは、1980年、自身3球団目の西武の選手として、引退をした時だった。「これからは評論家になるしかない」と、講演活動もした。だが、紙に書いた原稿を早口で読んでしまい、1時間の予定が、30分ほどで終了。「では、あとはご質問を」とやって、大恥をかいたこともある。悩み、尊敬する評論家の草柳大蔵さんに相談した。

「野村さん、講演だからと言って、生き方とか考え方について語らなくていいんです。あなたは野球で一代を成した人。だから野球の話だけすればいい。そうすれば聴衆の方々の方が自発的に、その話を自分の人生に置き換えてくれます」

各紙誌から、まさに野球のみの批評欄を頂き、9年が経ったころ、私の自宅に、野球関係者が訪れた。「もう一度、ユニフォームを着てみるつもりはないですか？」。当時のヤクルトの球団社長、相馬和夫さんだった。

「サンケイスポーツにての野球論、大変興味深く拝見させてもらっていました。これこそ野球だと思いました。ぜひ、ウチの選手たちに、本物の野球を教えてやって欲しい」

監督就任後、劇団四季の浅利慶太さんが雑誌に書いていた言葉に感動した。「観る天国、やる地獄」。舞台裏、我々で言えば、試合のグラウンドを降りてからの努力が大事なのだ。プロフェッショナルなら、客が見ている時に頑張れるのは当たり前。他人が見ていないところでの血のにじむ努力こそ、我々のような見られる商売には必須のものなのだろう。歌舞伎役者・六代目尾上菊五郎さんの辞世の句、「まだ足らぬ　踊り踊りて　あの世まで」にも感動した。鳥肌が立ったと言っても良い。私がモットーにして来た「生涯一捕手」など、甘っちょろい姿勢である。以来、選手たちには、「もうダメだ、じゃない。まだダメだ、と思わなきゃいけないんだぞ」と言って鼓舞したものだ。

1992年、優勝を目前に、9月に9連敗した。それまでのデータ上、シーズンで7連敗以上をしたチームは、ペナントを制したことがないということを知っていた。ローマ帝国の初代皇帝、アウグストゥスの座右の銘を思い出した。「ゆっくり急げ」。こういう時こそ、焦ってはダメだ。「強打者は5球かけて打ち取れ」と投手に厳命した。ファンやマスコミには申し訳ないが、時間制限がないのも野球の魅力の一つ。危機感のある時こそ、じっくり行くことを心がけて、優勝した。

1997年、開幕から首位を走っていたヤクルトが、9月2日、伏兵・横浜に、3・5ゲーム差まで迫られた。その日からの直接対決の2連戦では、禅語である、こんな四字熟語を選手たちに説いた。「前後際断」。これまでのことも、これからのことも、一旦忘れ、目の前のことに集中せよ、という意味だった。勝ったらゲーム差がどうなるとか、負ければ横浜はあと何試合残っているとか考えるな、目の前の勝利に気持ちを結集させろと。結果は初戦に石井一久がノーヒットノーランを達成し、2戦目は先発の田畑一也を3回途中で降ろし、抑えの高津臣吾を6回から投入。逃げ切り勝ちを収めた。その年はヤクルト監督として4度目の優勝を果たし、日本シリーズも制した。こちらは3度目だったな。

「1人で見る夢はただの夢。みんなで見る夢は現実になる」

オノ・ヨーコさんの言葉だそうだ。

たくさんの言葉に救われて来た私だが、サインの類を頼まれると、こう書き添えることが多かった。「念ずれば花ひらく」。月見草を自称した私にもピッタリの言葉であり、座右の銘にして来た。とはいえ、こちらは『週刊朝日』の名物編集長だった扇谷正造さんに頂いた本の中から偶然見つけたもので、出典など、一切わからぬまま、私は自分で用いていた。だが、やがて、熊本県生まれの詩人、坂村真民（しんみん）さんの詩の一節であるとわかった。

坂村さんとの交流が始まり、畳半畳ほどの大きさの、「念ずれば花ひらく」の軸装も頂いたことがあった。のちに、坂村さんは、野球を題目とした『つみかさね』という詩をお作りになった。

「一球一球のつみかさね
一打一打のつみかさね
一歩一歩のつみかさね
一坐一坐のつみかさね
一作一作のつみかさね
一念一念のつみかさね」

さまざまな積み重ねが、選手を成長させる。だが、監督としての私は、最後の「一念一念のつみかさね」に、深い感銘を受けた。もっとも必要なのは、この念、つまり考え方であり、動機付けではないのか。野球をする理由、仕事をする理由、頑張る理由、そして、生きる理由……。すべて先ず、この「念」から人は始まるのではないかと。

私は新人ミーティングで常に最初に、「君たちはなんのために生まれて来たんだ？」と聞く。高校や大学を卒業したての子たちは、キョトンとした顔をしている。そこで私は聞く。「なんのために野球をするのか？」「野球を通じて、何を世の中に訴えて行くのか？」……。「ノムさんのミーティングは、人間形成論から入る」と言われて久しい。しかし、人が生きると書いて、人生。未来を担う若き人達に、そのなぜを問うことこそ、我々先人に課せられた使命だったのではと思っている。

第5章　優しさ　〜情のノムさん

2019年に開かれたヤクルトOB戦で打席に立つ。生涯最後の打席。
後ろは左から真中満、川崎憲次郎、古田敦也、池山隆寛

○組織を引き締めるのに効果的な「怒り方」とは

「お前は俺と一緒で見た目が良くないから、損しないように普段からちゃんとやれ」

営倉って知っているか？　旧軍隊で、規則に反した兵隊をとじこめる建物のことだよ。私がプロ入りしたのは1954年のことで、上の人たちは戦争を経験した世代。だから、科せられる罰も、まだまだ軍隊式だったもんだ。

殴られるなんて序の口。それはまだいいんだ。その場で終わるから。一番キツかったのは、大阪球場のベンチ裏に、薄暗い通路があるんだけど、そこに2時間以上、正座させられて、説教を受けた時だな。下がコンクリートで、寒かったよぉ。怒られた理由？　よく覚えてないというか、その当時は怒られたら、とにかくこちらが聞くのが当たり前だったから、どれがどれだったのか……。

この昔の辛い思い出もあって、私は選手に手をあげたことはない。ヤクルト監督時代の1992年（7月5日）に荒井幸雄の頭をはたいたことがあったけど、なんや、「荒井ポカリ事件」として有名らしいね。彼がバントのサインの確認を怠っていたのが原因だけど、翌日には謝罪したもんだ。ちなみにプロ生活43年で、退場処分は1回のみ。阪神監督だった1999年8月7日のヤクルト戦、投手の湯舟敏郎が送りバントをしたんだけど、1塁のベースカバーに入ったヤクルト・馬場敏史の足が、ベースから離れるのが明らかに早くてね。抗議に出たんだ。

審判に手を出してはまずいから、両手を後ろに回して胸でアタックする監督とかいたけど、この時の私は、審判に触れてもいない。ただ、７分の抗議の最中、１塁の小林毅二審判に、「このバカ」と言っただけだ。そしたら退場だよ。珍しいんじゃないか。バカだのアホだの言う監督は、他にたくさんいると思うんだが……。

それに、最近の若い子は、叱られ馴れてないからね。殴られるのも同様。特に２００６年に楽天の監督になった時には私も70歳。古希やで。以前より叱ることはなくなっていた。ただ、それにはもう一つ、理由があったんだ。

就任2年目のことだ。ベンチ裏で、ある選手が平手打ちされていた。新人の嶋である。殴っていたのは、山﨑武司だった。

山﨑と言えば、１９９６年の中日の本塁打王。とはいえ、２００３年にはオリックスに移籍し、２００５年に新規参入の楽天に入団した。ホームランバッターは、やはり欲しい。繰り返すけど、野球で大事なのは、エースと4番だからね。楽天の初年度、彼はＤＨで4番を打つことが多かった。

私は楽天に入るまで、彼とは直接の面識がなかったと思う。だから、彼の外面しか知らなくて。そういう意味では、少なくとも人懐っこいタイプとは思わなかったよな。何せ彼の愛称は「ジャイアン」やで。

そのジャイアンが、ベンチ裏に嶋を呼び出し、平手打ちしとった。偶然気付いた私は聞いた。「どうしたんや？」。山﨑は言った。「アイツは若いくせに手を抜いて、一生懸命さが欠けているからです」。創立3年目の球団だからこそ、緊張感を持ってやらなければ、みたいな気持ちも言っていたな。

後年だけど、4回にオリックスに大量8点を奪われたことがあった（2009年4月19日）。2回にも3点を取られていて、その時点で、0―11や。ベンチ内はお通夜状態。そんな中、声をあげたのが山﨑だった。

「お金を払って観に来てくれているお客さんに対して、恥ずかしくないのかっ⁉」

結局、試合は0―15で負けたけど、山﨑は自分でも2本のヒットを打っておった。試合後は、「負けてる試合こそ、僕らは元気を見せなければ……」とコメントしてたな。

前後するが、私は嶋への平手打ちの理由を聞き、山﨑に思わず、こう言っていた。

「監督、コーチから言われるよりずっと効く。気がついたところがあったら、お前が叱ってやってくれ」

私とて、全てに目を向けられるわけではない。ましてや、監督に批判されると、それが全てに思ってしまって選手にはむしろダメージが大きい。山﨑みたいなベテランがいると、チームは本当に助かるんだよ。私が楽天監督になって、よりボヤくというか、明るくなったのも、山﨑に対する現場での信頼があったからかも知れない。

そして、山﨑という人間に実際触れた私は、早い段階で、こうも言った。

「お前は俺と一緒で見た目が良くないから、損しないように普段からちゃんとやれ。しゃべり方もぶっきらぼうだから、勘違いされやすいだろう？　そこも俺とよう似とるわ」

山﨑の方も胸襟を開いてくれたのは、この時からだったんじゃないかな。何せ、お互い、無愛想かつ偉そうに見えたりするからな。


山﨑は、打者としては、天才タイプだったと思う。過去にも書いて来たが、私は打撃を以下の4つのタイプに分けている。

A　直球に重点を置きながら変化球にも対応しようとする。
B　内角か外角、打つコースを決める。
C　右翼方向か左翼方向か、打つ方向を決める。
D　球種にヤマを張る。

Aがいわゆる天才肌で、来た球を打つタイプ。イチローや松井秀喜、中日の森野（将彦）もそういうタイプだったな。Bはいわゆる強打者。また無死2塁や、無死1、2塁などの進塁打が求められる場面でも、選手によっては顔を覗かせるね。Cはいわゆる騙し。引っ張ると見せかけて逆方向を狙う。巨人の元木大介が代表例だ。バッテリーからすると、狙いを絞りづらい。阪神の桧山もケースによって使うな。キャッチャーとして一番嫌なタイプはDタイプ。仮にバッターのヤマが外れて、こちらが三振をとっても嬉しいのはその一瞬だけなんだよ。次は違うことを向こうも考えるわけだから。裏のかきあい。すぐに不安にかられる。次の打席にも影響が残る。

そして、いい打者であればあるほど、基本はA。プラス、状況に応じてタイプを使い分けるものなんだよ。

ところが、山﨑は純然たるAなんだな。Aしかないんだ。打席で配球など、何も考えずにバットを振っていた。だから、私は先ず言ってやった。「お前、三振を怖がっとるだろ」。ホームランバッターだから、どうしても当てに行ってしまうんだな。そこに変化球が来て、三振となるのがこのタイプは余りに多い。続けて告げた。

「たとえ、見逃し三振でも、真っすぐを待っていて変化球での三振なら、根拠が言えるからいいじゃないか」

かつては私も山﨑同様、来た球を打つタイプだった。ところが入団4年目（1957年）に、3割（・302）30本を打って本塁打王になってから、翌年2割5分、翌々年2割6分と成績は下降気味に。翌々年なんて三振王（98個）になってしまった。体の調子が悪いわけでもないし、練習量を落としたわけでもない。なのに、なぜ打てなくなってしまったのか。

すると、ある先輩に、こんな言葉をかけられた。

「野村よ。殴った方は忘れていても、殴られた方は覚えているぞ」

打たれた投手が、私を研究していると言うのだった。さらにこうも教えられた。

「勝負事なんだから、相手の目から自分を見ることも大事なんだよ」

こうなれば私も研究するしかない。査定のためスコアを付けていた元新聞記者の尾張久次さんに頼んで、自分の打席で、相手投手がどんなコースでどんな球を投げたのか、配球チャートをつけてもらった。

するど、どのカウントでどういう球が来て、最終的にどの球で仕留められているのか、一目瞭然となった。内角球が来るカウント、絶対に来ないカウント、さらにはボール球で誘われていたカウント……。全てが可視化出来たのだ。

具体的にも、こういうことがあった。鶴岡監督に、「お前は二流の投手はよく打つが、一流の投手はさっぱり打てんのう」と揶揄されたんだ。稲尾（和久。西鉄）相手の時のことだった。なにクソと思って、こちらも研究したよねえ。すると、2ボール0ストライクの時は、100パーセント内角球が来ていた。本当に面白いと思ったね。相手の目で見て、そして、技術以外でも勝負をする。これこそ真のプロの生きる道だと開眼したんだよ。

山﨑に教えたのは、そんなに難しいことじゃない。

「お前はホームランという、相手が嫌がる特技を持っている。だから相手は出来るだけそれを避けたがり、外角に投げて来る。かといって外角一辺倒では、逆にそこを狙われるよな。だから内角にも投げて来る。でもそれではホームランを打たれる可能性が高くなる。だから、インコースに来る球はボール、つまり、見せ球なんだ」

こうして考えれば、どんどん打てる確率は上がって行くのがわかるだろう？　もちろん、カウントごとにも言えることだ。

「2ボール0ストライクになったところで、お前には見え見えの真っすぐは来ない。ホームランバッターだからな。つまり、変化球が来るということだ。そして、この場合、バッテリーが選択しがちな変化球はスライダーだ。ストライクコースに来るからカウントが稼げるからね」

するとどうだ。30代も後半に差し掛かっていた山﨑が、ホームランを再び量産し始めたんだ。配球を考えているから、見逃す球は見逃していい。すると、打てる球だけを待つことになる。自然と、打席で力むこともなくなるんだな。

結果は皆さんもご存知の通り、2007年に39歳で本塁打王(43本)。これはあの門田の40歳に次ぐ年長記録だったそうだ。それに、これは門田のところで言うべきだったが、4番打者の勲章は三振じゃない、四球なんだよ。四球が多ければ多いほど、相手バッテリーが恐がっているということなんだから。

この頃になると、私は彼の性格も、それなりにわかって来ていたと思う。見た目は悪そうだけど、正義感の強い、真面目な男なんだよ。いつだったか若いピッチャーが集合時間に遅れて来て、オマケにそのピッチャーが1塁のカバーに走らなかったことが元で負けたことがあった。すると、山﨑はその選手を物陰にそっと呼んで叱り、よく言い含めたそうだ。

こういう時、監督なりコーチなりベテランなり、他の選手たちの面前で叱る者もいるけど、それは違うと思うんだよ。イタズラにプライドを傷つけてしまうだけ。そういう奴は自分が偉いと見せたいだけちゃうんか？　私もミーティングの時、質問を選手に答えさせる際は、なるべく新人選手を当てたもんだ。だってベテラン選手を指名して、答えられなかったら、彼は赤っ恥もいいところだからね。無駄にプライドを損なわせる必要はないよ。

　私は２００８年、楽天の監督の３年契約の最終年より、山﨑をチームリーダーに指名した。

* * *

　その後は読者もご存知だろう。この年の楽天は5位に終わったが、私は球団から請われ、1年の続投に。翌２００９年に楽天はペナント2位となり、ＣＳ進出を果たした。第2ステージまでは行ったけれど、それより前に球団側に、監督としては同年が最後と言われたのは、第1章で述べた通りだよ。そう、たとえ日本一になってもね。

　山﨑は、私が辞めた２０１０年も、主将とチームリーダーを務めていたようだ。しかし、２０１１年、星野監督体制の1年目のオフ、戦力外通告を受けた。「来季の構想に入ってない」と言われたそうだ。彼自身は星野監督になってから、その覚悟はあったようだった。

　10月9日に、楽天退団の会見。そして翌10日に、楽天でのラストゲーム。胴上げもされたそうだ。ちょうどスポーツニュースに出ていた私は言った。

「俺の時と一緒。年齢的なこともあって、いらないよと。涙が出そう」

　山﨑は、楽天の生え抜きという意識が、とても強かった。まだチームが地元に根付いてない初年度から、小中学校を回って、積極的に交流をはかって来た。私がまだ監督になる前、訪れた小学校でホームランを約束して、その夜、本当に打ったこともあるそうだ（２００５

年7月27日・日本ハム戦で立石尚行から決勝満塁本塁打。お立ち台で「榴岡小学校のみんな、ホームラン打ちました！」と絶叫）。

２００8年には、本塁打1本につき10万円を寄付すると言い出した。岩手・宮城内陸地震で被災した栗原市にね。寄付は２６０万円になって、同市の（栗駒）球場は、「山﨑武司球場」に改称されていたな。もちろん、東日本大震災でも率先して被災地訪問を行っていた（＊２０１１年、過去の業績もふまえ、プロ野球人の社会貢献活動優秀者を表彰する「ゴールデンスピリット賞」を受賞）。あと、後述するけど、私が楽天の監督を辞める際、胴上げの音頭をとってくれたのが山﨑なんだ。それを思うと、私の「涙が出そう」という言葉に、嘘も偽りもなかった。

だけど、実は退団会見の直後、山﨑にこの件で連絡を貰っているんだよ。私は思うところを伝えた。

「お前もオレと一緒の運命をたどるんや。諦めがつくまでやってみろ！」

私は私で、南海を出されてからはカネやん（金田正一）の率いていたロッテに1年。その次は西武で2年やった。西武では2年目の9月、自分の打席で代打を出されてね（１９８０年9月28日・VS阪急。代打は鈴木葉留彦）。1死満塁のチャンスの時にだよ。そして、私は、プロ27年の生活の中で、それが唯一の代打を送られた瞬間だったんだ。その時、ベンチで願った。（あいつ、打たなければいいのに）。代打はショートゴロに倒れ、私は（ざまあみろ）と思った。ところが、帰りの車中で、なんとも悶々とした気分の自分がいたんだよ。何度も言うが、野球はチームプレー。（あぁ、こんな足を引っ張るようなことを考えているようでは、俺ももうダメだ）と痛感したんだね。だから、気持ちの踏ん切りはついていたよ。ただ、辞めると言っても誰も何も言ってくれんかったから、自分で西武球団にお願いして、引退の挨拶をさせてもらったんだ。これは少々、振り返りたくない思い出なんだけど。

　私の言葉が引き金ではないけれど、楽天からコーチ打診を受けた山﨑はこれを固辞。古巣・中日で現役最後の2年間を送った。2年目に1軍野手15人枠に入るのが難しくなり、引退を決めたそうだ。引退会見は中日球団による計らいだったというから、まあ、何とも羨ましいことや。そして、その場で、こう言ってくれた。

「（現役）27年間というと、野手では目標としていた野村監督と並び、これだけは成すことができた、非常に長くやれたなという風に思います」

　引退を決めた日も、彼からは電話をもらったよ。

「今シーズンでユニフォームを脱ぐことを決めました」

「そうか。誰でもいずれは選手としてのユニフォームを脱ぐ日がくるが、とうとうこの日が来たな。ごくろうさん」

　そして私はこう言い足した。

「お前も（将来的に）俺のような辞め方をしなきゃいかんな」

　宮本慎也や稲葉篤紀同様、彼は監督の器だと思うよ。再びグラウンドに戻って来る日を待っている。

○地域密着こそ、人気復興の鍵

「仙台のファンの人、ごめんなさいね」

年を取ったということかな。ここ10年ほど、取材で、こんなことを聞かれることが多くなって来た。

「もし叶うなら、理想の最期とか、ありますか？」

既に何冊も出して来た拙著の類で読んだ読者の方もいるかも知れないが、私はこんな時、こう答えて来た。

「愛弟子……例えば古田に車椅子を押されて監督をし、優勝して胴上げされたら、ポックリ逝っていた、というのが夢」

だが、それには監督をしていなければいけない。そして、何より優勝せねばならない。最後となる監督を務めていた2008年2月。春季キャンプの地に、星野仙一がやって来た。なかなか処世術が上手い男でね。それより前に、こんなことがあった。ある球場で歓談していたら、突然立ち上がって駆けだすから、何かと思えば、現れた川上哲治さんに挨拶しておった。私にはそういうことは出来ない。そういう部分も無関係ではないとは思うが、この時、彼は凄いチームを率いつつあった。北京オリンピックを戦う代表チームだよ。彼はその監督として、この時期、各球団のキャンプを視察していたんだ。もちろん、その中から、日本の代表になるにふさわしい、ことさら優秀な選手を選ぶためにね。だから、彼を出迎える時、私は大きく手を広げて言った。

「我が軍には、用事はないはずですが?」

私が率いていたのは、くり返すまでもなく、楽天イーグルスだった。

「ラズナーは、出すなー」

先発の（ダレル・）ラズナーが2回を持たずにKOされた時の、私のボヤキだよ（2009年6月10日）。この時のスコアが1—15。楽天は、やはり優勝という2文字には、遠いチームだった。

「捕手のリードが悪い！　いよいよ（自分が）現役復帰かな?」（2009年4月23日）

「安打多くして得点少なし。安打少なくして失点多し。これぞ本来の楽天野球なり」（2008年4月4日・西武相手に13安打したが、2—4で惜敗）

「ストッパーがいない。ストリッパー。裸にされちゃうよ」（2009年5月25日・横浜相手に5—6でサヨナラ負け。最終回の抑え、青山浩二が連続四球などで満塁とされ、6番手マーカス・グウィンが2点タイムリーを浴びサヨナラ負け）

まだある。「ボヤキって、『マンブー（mumble）』って言うらしいよ。俺のことを『ミスター・マンブー』、もしくは『マンブーマン』と呼んでくれ」なんて、自分で催促していたくらいだ（2008年4月16日・ロッテに借敗で敵地8連敗）。

2008年と2009年でこの調子だから、それ以前は、もっとひどいで。就任2年目の2007年5月には、試合後の会見室で歌ってやったわ。「♬雪が降る〜♬」。楽天が球団初の勝率5割になったんだな（30日・VS中日）。当時の報道によれば、これがその年5度目の5割挑戦だったらしい。続けて「♬中日は来ない〜♬」とも歌っている。これは翌日、同じ中日戦があったからなんだ。「明日の（豊橋での）中日戦は、雪で中止！ 野球って、楽しいですなあ」とも言っている。5割でこの浮かれようやで。もっとも、翌日は2―10で大敗して、借金生活に逆戻りだった。

だから、その年のオールスター戦の第2戦が仙台でおこなわれるにあたり（7月21日・フルキャストスタジアム宮城）、地元・楽天から両リーグ最多の8人が選出された時は、こう評したもんや。「オールスターじゃなく、オール・スターダスト（星屑）やで」。ファン投票による選出だったが、実力的に、それにともなってない選手がたくさんいたんだな。つまり、人気に実力が追い付いてなかったんだよ。あくまで、人気先行のチームだったわけだ。それは、パ・リーグの南海という、不人気球団で戦い、また率いて来た私にとって、初めての経験だった。


「本拠地を移転しましょう」

南海のプレイング・マネージャー時代、上層部に口を酸っぱくして言ったのがこれだった。

当時、関西だけで4球団（南海、阪神、阪急、近鉄）。これじゃファンの奪い合いだよ。移転先としては、球団のない四国、そして東北や北海道も勧めたな。理由も言った。

「なぜ、高校野球があれほど、人気があるかわかりますか？」

〝おらが町のチーム〟、それを愛する気持ちに勝るものはない。誰だって地元には愛着や想いがあるはずだ。この考えは、Jリーグブームが起き、そして、FA制度で巨人が有力選手を獲得しまくった90年代になっても変わらなかった。

プロ野球人気復興の鍵は、スター選手を集めることじゃない。地域密着なんだ。今のパ・リーグを見れば、そのことが十二分にわかるだろう。

と言いつつ、自明ではあるが、それはチームが強くなることとイコールではなかった。あんまりにも楽天が得点出来ないから、0が並ぶスコアボードをまんじゅうに見たてたのは、2009年のキャンプからだったね。練習試合で中日に負け、

「仙台駅前にまんじゅう屋さんをオープンします。昨日からマル（0）ばかりなんで」（2月25日）

「楽天まんじゅうは在庫が多くて困るわ」（2月28日・オープン戦でロッテ相手に1―9）

「味が濃くなって美味しくなって来たな」（3月1日・オープン戦でロッテ相手に2―5）

シーズンが始まっても、

「楽天まんじゅう、製造過多になって来たな」（5月28日・中日相手に1―2）

あげくにはこんなニュースも入って来た。

「スコアボードに見立て『楽天まんじゅう』／仙台・玉澤総本店発売
菓子製造販売の玉澤総本店（仙台市）は（7月）4日、まんじゅうをスコアボードに並んだ0点に見立ててパッケージした新商品『楽天イーグルス黒砂糖まんじゅう』を発売する。まんじゅうを食べてしまえば、ゼロ行進も一掃できるという応援商品」（河北新報・2009年7月4日付）

まんじゅうと言えば、1年目の楽天のキャンプ中のバレンタインデーに、女性記者がプレゼントしてくれたことがあったんだけど、その時の私の返答はこれだ。「糖尿で殺す気か！」まったく、私も可愛くない奴やで。そんな私なのに、記者連中が、さらに甘いものを用意してくれたのは、２００９年6月29日のこと。それは、発売前の楽天まんじゅうではなかった。

「♬ハッピーバースデー・ツゥー・ユー。ハッピーバースデー・ツゥー・ユー♬」

同日、私は74回目の誕生日を迎えた。すると、報道陣がケーキを用意してくれていたんだ。札幌入りした初日で、実は既に宿舎で、選手たちにもケーキをもらって、蠟燭も吹き消していたんだよ。私は言った。

「20数年監督をやって来て、こうやって祝って貰えるのは、楽天に来てから」

ちなみに、前年は野球の帽子の形をしたケーキを貰った気がするな。ボヤキが身上の私だが、思わず、こう漏らしていた。

「12人監督がいるけど、こんなに盛大に祝って貰える人はいないんじゃないの……？」

これに合わせてというわけではないが、この年の楽天は、夏場に調子を上げて来た。8月に大きく勝ち越して、CS進出を果たしたのは前に述べた通りだよ。阪神監督時代は、正直、快い気持ちがしなかったマスコミだが、楽天にきて、そのマスコミ陣からの祝福。意識したわけではないが、私の口も、滑らかになって行った。

「リンテン（輪転）機が回ったね」（7月19日・オリックス相手にトッド・リンデン外野手がサヨナラ安打を決め）

「（今年は、海面温度が上昇する）エルニーニョ現象が起きとるからな。その年は強いんだよ（＊同現象が起こった1993、1997年、ヤクルトで日本一に）。エルニーニョは〝神の子〟という意味だろ。神の子はマー君じゃない、野村なんだ。これは今年、何かあるぞ」（8月30日・試合が雨天で中止も）

「永井は今、一番安定してるんじゃないの。（大崩れせず）『長い』から『短い』になったね」（9月30日・ソフトバンク相手に永井怜投手が完投勝利で）

CS初進出を決めた日なんて、

「バンザーイ！　ハイ、（記者の）みなさんバンザーイ！　いい原稿が書けるだろ？　いい放送ができるだろ？」（10月3日・西武に勝利）

と、記者を巻き込んで万歳している。

もちろん負けた時の厳しさは忘れなかった。件（くだん）の8月、先発の藤原（紘通）が大敗して先に言ったように、東北は、私が球団移転を推奨する地の一つだった。

（6）連勝がストップした時だ。私は言った。「藤原一族の根性ないな」。東北一円にかつて勢力を張った奥州藤原氏にかけたんだけどね。藤原自体は長崎県出身なんだが……。

（ボールマーク）

「ふざけとるんか、コラァ！」

「辞めちまえ、野村！」

罵詈雑言が飛ぶ。阪神監督時代の光景だよ。毎試合そうだったとは言わない。だけど、確かに成績を残せなかったこともあって、こういった悪態を浴びることは多かった。転じて、ヤクルト時代はどうだったかと言えば、まあ、負けた時の野次も、阪神の時ほどひどくなかったように思う（こちらはこちらで、成績が悪くなかったことも影響しているかもしれないが）。

しかし、私は、関東で負けた時の特徴に気付いていた。客席をみると、敗色が濃厚になりつつあると、青くなって行くのだ。椅子の色である。そう、帰って行ってしまうのだ。特に、敵チームながら例に出させて頂くが、巨人のファンは、特にこの傾向が強かったように思う。負ける試合なら観たくないというか、時間をもったいなく感じるのか……。勝つのに慣れ過ぎていて、ドライなのかもわからんな。

そこでこう思ったんだ。阪神のファンは、〝応援〟している。対して、巨人のファンは〝観戦〟しているのだと。

それでは、東北のファン、楽天のファンは、どういったスタンスだったのだろう？　監督をやり始めて、私は巨人や阪神のファンとの、明確な違いに気づいていた。

　勝っても負けても、最後まで球場にいるのである。席を立たないのだ。汚い野次も飛ばさない。こちらが、どう考えても逆転は難しそうな大量リードをされても（実際、そういう試合も多かった）、試合終了まで、私たちを見守り続けるのである。これが東北人特有の我慢強さなのか、優しさなのか。

　阪神ファンが選手を応援、巨人ファンが試合を観戦しているスタンスであるのなら、楽天ファンのそれは、さながら、チームを見守っている。育成してもらっている感を受けたのだ。育んでくれていると言っても良い。月並みな表現だが、親が子を見守る感覚というのだろうか。

　10月3日、私は先述のCS進出を決めた「バンザーイ！……」の後、こう言った。

「4年間お世話になって一番思うのは、仙台のファンのマナーの良さと辛抱強さ。どんなゲームでも最後まで席を立たない。……ひとつでも多くの試合を仙台で出来るようにする。それがファンへの恩返しだよ」

　10月9日には、CSを本拠地で開催出来る、リーグ2位が確定。球場（Kスタ宮城）に、超満員の客が詰めかけていて……私は試合後、語った。

「仙台は熱いぞ！　これだけお客さんが来てくださると思わなかった。期待しているんだな、地元でクライマックスシリーズ（CS）がやりたいって。そう考えると良かったね」

「就職お願いします。明日から浪人です」

楽天がCS第2ステージで敗退した直後、監督として最後の試合となった私は、そう言いながら記者たちの前に現れた。

「間違いだらけの第2ステージだった」

「後悔ばかり」

「先発投手の起用を間違った」

口をついて出るのは、愚痴ばかりだった。

「監督は選手を活かさなければならない。なのに、殺してしまった。そういう意味で、選手にも謝罪しないと。私には長い経験があるのに、とんでもないこと。お詫びのしようもない」

総括を求められ、私は言った。

「仙台で日本シリーズをやる夢があったけど、果たせなかったのが一番の心残り。仙台のファンの人、ごめんなさいね」

実はCS進出が決まった10月3日、お立ち台に上がった山﨑が、こう言っているんだ。

「今日（監督を）胴上げしようと思ったのですが、『まだ早い』と……。優勝しなければ監督も喜ばないと思います。まだ優勝のチャンスがあるので、日本一になって監督を胴上げして、『胴上げされている時に死んでもいい』と監督は言っていたので、そのくらい高く上げてあげたいなと思っています」

それからクラブハウスに移動すると、岩隈が全選手を代表して言った。

「日本シリーズでてっぺんを取って、監督を胴上げして有終の美を飾ってもらいましょう」

私は答えた。

「胴上げされて落っこちたら、ご臨終だな」

考えてみれば、私はあの時既に、理想の最期を思い描いていたのだ。そして、間違いなくそれに近づいていた。チャンスだった。

仙台のファンの皆さん、ありがとう。そして本当に、ごめんなさいね。

○男は誰でも母親には弱い。有望な選手を見分ける意外なポイント

「おっかあ、苦労ばかりの人生だったんじゃないのか？」

「私は日本一の幸せものです。ついてました」

「連覇して、改めて思う。『勝つは易し。守るは難し』と」

「戦前の予想が低く、謙虚にスタートしたことが開幕ダッシュに繋がった。還暦の年にいいお祝いをしてもらった」

「優勝は、強い弱いで決まるものじゃないということをしみじみ感じた」……

過去4回のヤクルト時代の優勝時に残した、私のコメントだ（1992、93、95、97年）。

日本一になった時のそれらも、紐解いてみようか。

「来年は、ただ打って投げるから、さらにレベルアップした真の野球にチャレンジして日本一を守りたい」（1993年）

「勇将の下に弱卒無しという言葉があるが、それをモットーに、自分がひるんではいけないと前向きに行った」（1995年）

「常に日本一を想定して練習をしてきた。選手たちもこれに満足せず、さらに精進を重ね、ヤクルトの黄金時代を作って行きたい」（1997年）

もちろん右記はコメントの一部だけで、前後にはちゃんと選手への感謝を口にしているよ。それにしても、我ながら可愛げがないよな。それというのも、私は、優勝、日本一の類で泣いたことがないいんだよ。いや、それ以外の時でも。

私が、心の底から号泣したのは、人生でただ一度きりなんだ。

涙を拭く暇もない、少年時代だったかも知れない。

1935年、京都府竹野郡網野町に生まれた私に、父親の記憶はない。私が2歳の時に戦争に行き、3歳の時に戦死した。食料品店を経営しており、看護婦だった母との出会いは、まさに患者と看護婦だった。

しかし、物心ついた私が目の当たりにしたのは、独り身の母が苦労ばかりしている姿だった。父の死後、必死に働いてくれたけど、はっきり言って貧乏だったし、家は借家。賃料が上がる度に、より安い物件を探し、引っ越ししたもんだ。しかも、われわれが子どものころは、戦争前後の食糧難の時代。父の実家が熊野郡久美浜町坂谷（現・京丹後市久美浜町）というところで農家をしていたので、小学生のころは母親に、よくこう頼まれたもんだ。「お前、悪いけどおじいちゃんのところへ行って、お米を貰ってきて」

父の家は、周囲に川が流れているだけで、家も7軒ほどしかない小さな集落。当然バスも電車もなくて、片道何時間もかけて歩いて行った。帰りは米を背中に担いで帰ってくるんだけど、当時はヤミ米が横行し、取り締まりが厳しかった時代。もうすぐ家だ、というあたりで警官が現れて、何度か捕まったよ。

「おい、僕、ちょっと、ちょっと」

「うわあ！」

ビックリはさせられたものの、事情を話すと、米は没収されずに済んだ。逆に「偉いね」と褒められ、「気を付けて帰れよ」と見送ってもらえたもんだ。

そんな時代と、貧困生活。母は強くならざるをえなかったのだろう。私や兄に対して、とても厳しかった。よく叱られたし、遠出をしたり、帰りが遅くなったりしただけでも怒られたもんだ。働き過ぎがたたったんだろう。私が国民学校2年のときに子宮ガンと判明したんだ。

こちらは発見が早く、事なきを得たんだけど。翌年には直腸ガンに罹患。その姿がもう、痛々しくてね。幼心にも思ったよ、「出来れば代わってあげたい」と……。

母は結局、昔勤めていた京都市内の病院に入院。私が3年、兄が6年のときだった。私たち兄弟は父の知り合いの家に預けられ、そこから学校に通うことになった。だけど、嫌だったなあ。貧乏はしても、親がそばにいるのといないのとではエライ違いだよ。ヨソの家では、「お腹すいた」のひと言だって言えないんだから。全てを我慢するしかないんだ。それで私も、こんなに耐え忍ぶ性格になったのかもしれないなあ。

近所の人たちは人たちで、「あの子たちのお母さん、もうすぐ死んじゃうかもしれないのよ」とか噂する。（もしそうなったら……）と思い、私は絶望的な気持ちになった。おそらく私と兄は、祖父母の家に厄介になることになるだろう。だが、先述のように、生まれ育った町よりさらに人里離れた寒村。地図にも載っていないような小さな集落なんだ。幼き私にとって、母を亡くした上、そのような田舎に行くことは、自分の人生が溶けぬ氷で閉ざされるようなものだと思った。

幸い母は一命を取り留めた。退院の一報が入って来た時は、どんなにか嬉しかったことだろう。退院の日は、汽車が着く2時間も前から、駅で待っていたよ。駅の周りには小さな川と田んぼがあるぐらいだから、川に入って魚を追いかけながら時間をつぶしたのを覚えている。

そのうちボーッと汽笛が鳴った。（……来た！）と改札口から身を乗り出して母を待った。すると、ちょうど左方のデッキから、真っ白な顔をした母が、どこかのおばさんに抱えられて降りてきたんだ。家には車などなかったから、私たちは近所でリヤカーを借り、迎えに行っていた。そのリヤカーに母を乗せ、久々に家族3人そろって帰路に就いたんだ。それは、新たな苦労の始まりを意味していた。

手術費で借金がかさんだんだろう。暮らし向きは、更に悪くなった。安い物件を求め、引っ越しを重ね、最後は傾いている家を住処にした。傾いているから、窓を閉めてもどこかしらに隙間が開いていて、そこから雪が吹き込んで来る。だから、冬はその隙間に新聞紙を挟んで寝た。

私は早くから、家計を助けなければならない必要に気付いていた。先ずやったのは、国民学校3年生の頃の新聞配達。その時代はポストのある家など少ないから、新聞は戸口の下にくぐらせたり、家に上がって渡したりしてね。少しでもお金が欲しいから、特にお金持ちの家に配る時は愛想良くしたもんだ。すると、正月の元旦に配りに行くと、「待って。これあげる」と、お駄賃をくれるんだよ。要するにお年玉だ。嬉しくてね。でも、全額、母に渡した。それでも嬉しかったもんだよ。

お金持ちの家の子守もバイトでしたことがある。これは楽だった。子供を寝かせてしまえばこっちのもんだからね。でも、あとで「あなたが昼寝かせるから、夜寝なくて困るのよ」って怒られたけど。

夏にはアイスキャンデー売りもしたのを覚えている。朝から夕方まで売ってね。ところが、当時は冷凍設備なんてないから、氷で保冷しながら売るわけだけど、日も暮れる頃にはその氷が溶けてしまってね。ということは、売れ残ったキャンデーも溶けてしまう。でも、店のオジサンが、それらを売れた分に計上してくれてね。兄だけではなく、今考えれば、周囲の優しい大人の心遣いに、随分と助けられて来ていたんだ。

中でも大きく手を差し伸べてくれたのが、高校時代の恩師、清水義一先生だった。

⚾

実は私の一番の夢は、プロ野球選手になることではなかったんだよ。とにかく、沢山稼いで、母親を楽にさせたい一心だった。つまり、儲かる仕事であれば、なんでも良かったんだ。

そこで先ず目指したのが、流行歌手だった。歌は好きだったし、２００９年１月にはＣＤシングル『女房よ…』を出しているんだ。キャンプでの練習中、流されて、マーくんとかが笑っていたけどな。話は戻って、私が中学２年の時。２歳下の美空ひばりが、〝天才少女〟として出て来た。私も、失礼を承知で言えば、二匹目のドジョウを狙ったわけだ。というわけで、中学では合唱部に入った。

ところが、私の声を聞いたことのある人ならわかるだろうが、とにかく声が低いんだ。そして、音域が極端に狭いということもわかった。同級生に「いったん声を潰せば、音域が広くなる」と言われて、海に向かって叫びつづけたこともあった。本気だったんだよ。

でも、声が嗄（か）れただけだった。限界を感じ、歌手の夢は諦めた。

次に目指したのが映画俳優だった。当時はテレビもないし、まさに映画全盛時代、阪東妻三郎、嵐寛寿郎、片岡千恵蔵、長谷川一夫……。チャンバラの真似事を、鏡に向かってしたもんだよ。女優なら岸恵子……。彼女主演の『君の名は』なんて、３部作まで行ったんだよね。私の憧れは、その相手役の佐田啓二。私は演劇部に鞍替えした。

ところが、鏡で自分の顔を見れば見るほど、絶望的な気持ちになって来た。当時は個性派俳優なんて枠はないしね。こちらも早々と諦めたんだ。

残ったのが野球だった。成功すれば、お金になる。だが、問題があった。歌は歌うだけ、役者は身一つに比べ、野球をやるには道具が必要だ。つまり、お金になる前に、お金がかかる。中学時代の野球部で、私だけランニングシャツに半ズボン姿であったことは前に述べたよね。けれど、いざ打席に立つと、私は不思議といい当たりを連発した。それまで野球は、せいぜい遊びでやったことしかなかったのに。周囲が口々に、「お前、上手いな」と言うのを、私は不思議な感覚で聞いていた。（こんなに簡単なことが、なぜ皆は出来ないんだろう？）と。思い返してみれば、最初から相性がよかったんだね、野球だけとは。

だけど、母は野球には反対だった。遊びにしか見えなかったんだろう。さりとて、私は、金を稼ぐにはこの道しかないと思っていたから、高校に入っても野球を続けた。母親に内緒でね。

ところが、入学した峰山高校の野球部は、弱いのはある程度予期していたが、それ以上に問題があった。ズバリ、学校のお荷物だったんだよ。グラウンドでの打撃練習でガラスは割るわ、名うての不良たちの溜まり場になっているわで。部員も12人か13人しかいないし、廃部の対象になっていたんだ。その考えの急先鋒が、生活指導部長の清水義一先生だった。冗談じゃない。野球が出来なければ、プロ野球選手への道は閉ざされてしまう。私は策を弄した。

先ずはその清水先生に近づくため、自分が生徒会長に立候補した。「投票しなかったらどうなるかわかるよな」。なかば脅すように票集めし、かろうじて当選した。

次なるターゲットは、清水先生本人じゃなく、その小学生の息子だ。「今度の日曜、野球部の試合、観に来ないか？」と誘い、うなずくと、続けた。「ぜひお父さんも連れて来て」

果たして試合当日、清水先生は現れた。さらには大勢の観客で盛り上がる様子に感動しちやって。それから野球部擁護派になってくれたんだ。私はここぞとばかり、追撃した。

「部長（部の顧問）をやってくれませんか？　野球の技術なんて要らない。ただいてくれるだけでいいんで……」

そしたら部長になってくれた。野球部の存続は、これで確実。私はこういう知恵は、昔から働くんだよ。


そして、運命的なチャンスが訪れた。相変わらず、新聞配達をしていると、同紙面でのある告知が目に留まったんだ。

「南海ホークス・新人募集」

これを受験して合格し、私のプロ野球選手への道が開かれたわけだけど、実は、試験をする大阪までの旅費もなかったんだ、当時の私には。ところが清水先生が、その旅費も出してくれた。そればかりじゃない。南海に私を紹介する手紙を書いていたらしい。「野村という、良い選手がいますよ」と。

清水先生には、本当に足を向けて寝られない。さらに大きなことで、助けられているんだ。高校3年の時、私に退部の危機が訪れた。母に野球をやっていることがバレてしまったんだよ。母は激怒。だけどこの時、清水先生が母を説得してくれて、母もしぶしぶ矛を収めた。なんとかことなきを得たんだ。

それが、いざ南海のテストを受けて合格したもんだから、今後こそ母は猛反対した。就職

先がプロ野球球団なわけだからね。曰く、

「こんな田舎で育ったお前が、あんなきらびやかな世界でやって行けるわけないじゃないか！　ちゃんと就職して、堅実に暮らしなさい」

すると、清水先生が家まで来てくれた。そして、切り出した。

「お母さん、野村君を私に任せてくれませんか。南海の入団テストにも合格しましたし、せっかくのチャンスですから、送り出してやりましょうよ。もし3年間やっても芽が出ず、クビになって帰ってくるようだったら、私が責任を持って就職の世話をします」

「……そこまでおっしゃってくださるんでしたら、先生にすべてお任せします」

母は折れた。本当に人生の分岐点だったよ。他人に助けられて来た我が人生だったんだ。

私は、網野町で初めてのプロ野球選手誕生ということで、町の人たちから盛大に送り出された。地元の新聞にも私の入団記事が掲載されたんだ。私は心に誓った。

（たくさん活躍して、母の暮らしを楽にさせてやる！）

でも、南海での初任給が月に7000円と低かったのは前述の通り。とはいえ、そこから1000円を抜いて、早速母に仕送りをしたもんだ。

⚾

「親孝行な選手は出世する」

私が監督をしていて辿り着いた、一つの真理だよ。

たとえば甲子園で活躍した好素材であっても、親の前でわがままに振る舞うような選手だと、プロに入ってから必ず苦労する。上手く行っているうちはいいが、いったん壁にぶつかると、上手くいかないことに自分で腹を立て、自暴自棄となってしまうんだ。

一方、親の前でも、監督や他の選手に対するのと変わらず礼儀正しく振る舞える選手は、プロでやって行く見通しが立ちやすい。小さな頃から親が厳しくしつけたお陰で、そういう選手は、技術的に未熟でも、プロの世界で揉まれることを苦にしない。結果として、良くなって行くからだ。

だから私は、スカウトには、その選手の両親との状況にも着目しろと言ってあった。親孝行な選手は必ず伸びる。手前味噌だが、私がそうだったから……。

本塁打王を獲り、三冠王を獲り……稼げるプロ選手になった私の元に、母がやって来たのは、南海時代だったな。場所は大阪球場だった。聞くと、頼みがあるという。「家を買って欲しい」というのだ。頼られた私は有頂天。多くの借金をしてでも、母のために立派な家を買おうと思った。

ところが母は言うんだ。「今、住んでるところの近くにちょうどいい一軒家があるので、そこでいい」と。聞けば、随分と小さな家だ。私はガッカリした。母にはこれからこそ、もっと贅沢をして欲しかったのだ。

兄も反対した。というのは既に兄は京都の市内に住んでいて、いずれは母との同居を視野に入れていたのだ。真面目な兄らしく、長男としての務めを果たしたかったのだ。ところが、地元に家を買ってしまえば、同居が出来なくなる。それは避けたいのが兄の本音だった。

しかし、地元の家購入を反対する我々に、母は言った。

「お前たちの気持ちは嬉しいけれど、親の好きにさせてくれるのも、親孝行だよ」

その一言で、私たちの気持ちも決まった。母はずっと、地元を離れなかった。


母・ふみは、64歳で他界。仕送りを続ける私に、かつて、こう言ってくれたのを覚えている。

「お前がいくら仕送りをくれても、一番最初に送ってくれた1000円に勝る大金はないよ」

母の晩年、気づいた。私が送った仕送りは、全て使わず、貯金してあった。私がいつか金に困った時のために、と言っていた。

母親というのは、こういうものなのかと思った。

棺に入れられ、荼毘に付される。私の口が自然と動いていた。

「おっかあ、苦労ばかりの人生だったんじゃないのか？」

心の底から、私は号泣した。

○人を創り、後世に遺す極意

「愛と優勝は、金では買えない」

古い話で恐縮だが、戦争中は、プロ野球チーム名が、みんな漢字表記になったことを、知っているだろうか？　「大阪タイガース」は「阪神軍」になったし（１９４０～44年）、「ライオン」（後の大洋ホエールズ）は、「朝日軍」（１９４１～44年）となった。要するに、アメリカと戦争しているから、カタカナを使用したくなかったわけだな。他にも戦前は「南海軍」、「阪急軍」、「名古屋軍」（後の中日ドラゴンズ）とあったもんだ。

ところが戦後、南海軍は南海ホークスに、阪急軍は阪急ブレーブスに変わったのに、「巨人軍」だけは、今でもそう呼ばれている。こちらだって正式名称は読売ジャイアンツのはずなんだが。なぜか巨人軍だけは、通称としてそれがまかり通っているんだ。なんか、偉そうじゃないか？　腹が立ったんで、こちらにも軍を付けたれと思って、ファンにこうサインしたことがあるわ。

「南海軍　野村克也」

それというのも、私は子供時代、実は巨人ファンであった。中でも、〝赤バット〟の川上哲治さんに憧れた。言わずと知れた打撃の神様だ。とはいえ、関西だから周りは阪神ファンばかり。よくケンカをしたもんだ。しかし、なぜ、京都生まれの私が、巨人ファンになったのか、不思議に思う読者も多いんじゃないかな?。

一つは、大友工（たくみ）さんという投手の存在だ。別所毅彦さんとともに、１９５０年代の巨人を支えたアンダースローだ。この人の地元は、兵庫県の出石（いずし）というところで、私の地元から車で30分ほどのところにある。ある時、私の町の青年団と、出石の町の青年団が試合をすることになった。私も観に行ったんだが、場所は小学校のグラウンドで、野球も軟式ではあったんだけど、その中に、もの凄い球を投げる投手がいた。それが大友さんで、後に巨人軍入りしたんだ。いわば、地元近くからの選手がいるということで、巨人に親しみを持ってしまったのだろう。

だが、理由はもう一つある。単純に、強かったからだ。１９５１年から53年まで、３年連続で日本一になっている。それが、ちょうど私が高校で野球に勤しんでいた時代だったのだ。憧れるのも無理はないだろう。

私は１９５４年にプロ入り。何度か日本シリーズで巨人と対戦しているが、まあ、違いは感じた。集まって来る観客の数、訪れる報道陣の数が違う。こちらはいつも疎らな客の前でしか試合してないから、巨人と対戦する時は、先ず、その大入りムードだけで委縮しちゃうんだよ。私なりに緊張を解くために、日本シリーズの第１打席は、鼻歌を歌いながらスタンバイしたのを覚えている。

加えて言えば、日本における近代野球の礎を築いたのも巨人なんだ。忘れもしない、水原茂さんが監督として巨人を率いていた、１９５７年の話だ。開幕前のオープン戦で、３塁コーチャーズボックスに立った水原さんが、やたらと胸をなでたり、帽子を触ったりしている。水原さんは、見た目にもお洒落で有名な人でね。後年、オールスターで一緒になった時は驚いたもんだ。ピシッと折り目正しいユニフォームを着た後、姿見で全身を映し、裾や袖の左右の長さまでチェックしている。バランスが取れているか確かめていたのだ。さらにビックリしたことには、パンツの上に、茶色い鹿皮の股引を穿いていた。そんなところまで気を使わなくても見えないと思うのだが。

とにかくそんな人だから、私たち南海の選手は、服や帽子をいちいち気にして触る水原さんを笑っていた。ところが、これこそ、１９５７年、水原さんが出向いたドジャースのベロビーチ・キャンプで学んだ、ブロックサインだったのだ。これを知った時は仰天したね。なにせ、その頃のサインと言えば、ベルトを触ればバント、みたいな単純極まりないものだったから。

他にも、先発ローテーションを確立したのも巨人だし、ドラッグバントやヒットエンドランも、持ち込んだのは巨人だよ。つまりはイチ早くメジャーの野球に学び、それを日本流に取り入れる先駆者だったわけだ。強いはずだよ。オールスターや日本シリーズで、長嶋、王と戦う時、キャッチャーマスク越しに、（かっこいいなあ……）と思ったことがあることも否定しない。

しかし、人気の一極集中は、一種の独裁体制も生む。巨人が後に逆指名制度やFA制度を利用し、王国を作り上げたのは事実だ。私は巨人と、1990年よりヤクルトの監督として戦うこととなったが、この年の巨人は、最終的に、2位広島に22ゲーム差をつけて優勝。9月初めには優勝をさらわれたのを覚えている（＊9月8日）。投手のうち、5人が2桁勝利（斎藤雅樹 20勝5敗、木田優夫 12勝8敗、宮本和知 14勝6敗、桑田真澄 14勝7敗、香田勲男 11勝5敗）。やっかみもあったのだろう。私は、巨人がこの年優勝を決めた直後、こうボヤいている。

「投手力で順位が決まり、野球から意外性が消えた。巨人の企業戦略の勝利だ」

「いい投手は作るものではなく、獲るものだ」

巨人の財力と比べれば、投手を含め、そうはいい選手を揃えることが出来ないヤクルトの現状も、そこにはあった。

90年代、やはりその巨人こそ、ヤクルトの最大のライバルであった。

『超二流』。拙著のタイトルにもしたことのある言葉だ（2019年8月・ポプラ社刊）。

全てに秀でた一流にはなれずとも、自分の強みを生かし、一芸に秀でた超二流にはなれるという意味だよ。それは、私がチーム作りにおいて、常に志向して来た教理でもあった。

南海で兼任監督をしていた際、大塚徹という選手がいた。登録は外野手だったが、ほとんど試合には出ず。なのに、1軍のベンチが指定席だった。当時のファンは、なぜ彼が1軍枠にいたのか、不思議に思っただろうな。

彼の武器は、〝口〟だった。つまり、ムードメーカーだ。忘れられないのは、打者（私もだが）が全く打てず、相手に大量リードをされ、試合中盤で早くも大敗ムードが濃くなっていた時だ。どうしてもベンチ内では、凡退して帰って来るバッターに、「何で打てないんだよ」という視線になり、空気がトゲトゲしくなる。そして、当の私も打てずに戻って来たその時だ。大塚は言った。

「なぁんだ！　監督ほどの高給取りが打てないんだから、僕らに打てないのは当たり前だぁ！　今日はもう、気楽にやりましょうよ！」

瞬間、空気が緩み、ベンチのムードも良くなった。こういった彼の口に、私は監督として、何度助けられたかわからない。試合に出ないから成績にさしたるものがないため、球団の査定担当からは何度も整理の対象になっていたが、その度に私は、残して貰うよう頼んだものだ。以来というわけではないが、私の中に一つの信条が出来た。「一芸に秀でていれば、道は拓く」。そして、選手たちのそれを見抜くことこそ、監督としての私の仕事になったのだ。

ヤクルト監督就任後、最初のユマのキャンプ（1990年2月）で、捕手たちに2塁への送球タイムトライアルをさせた。1位は古田だったが、2位の男も強肩であった。ところが、練習を見ていると、そればかりではない。俊足でもあるんだよ。私は彼に聞いた。

「お前、何で捕手やってるんだ？　自分で向いてると思うか？」

すると、自分でも割り切れない顔をしている。私は言った。

「外野手用のグラブを用意するから、お前はこれから外野手になれ。お前のキャッチャーミットは、俺が買い取ってやるから」

彼は翌年より、ゴールデングラブ賞の外野手部門を、7年連続で受賞することになった。飯田哲也である。キャッチャーミットを買い取るのに、4万円払ったが、決して高くはなかったわい。

1994年の末、「良いショートが必要だ」と思った私は、編成担当の人間にその旨を告げた。すると、「打撃に目をつむっていいのなら、良いのが1人います」という答え。私はOKを出し、そしてやって来たのが宮本慎也だった。先述のような信念があった私は、宮本に言った。

「お前に打つ方は期待しとらん。〝自衛隊〟で行け！」

守り専門という意味だよ。1年目、1995年の日本シリーズにも、彼は全戦出場している。主に2塁手の守備固めだけどね。しかしどうだ。彼は6年目には打率3割を記録し、2012年には遂に2000本安打を記録。守備という一芸に秀でていたからこそ、試合出場も出来たし、そして、大台も達成出来たんだ。

少々逆のパターンもある。明治大学の試合を観に行った時だ。息子の克則が出場するためであったが、それより私の目を捉えたのは、相手の法政大学の4番である。見事なホームランを打っていた。すると、その次に観た時もホームランを打っている。（良い打撃しとるなあ……）稲葉篤紀であった。私は彼がドラフトにかかる年、スカウトに言った。「法政の稲葉は？」「1塁でしか使えないし、その割にはパンチに欠けますよ」

その返答に、私はこう答えた。

「なら、外野で使えばいい」

結局、稲葉をドラフト3位で指名。契約となった。稲葉がこう言って来たのを覚えているよ。「プロ入りしたかったので、感謝してます！」。うち以外にスカウトが来なかったんだ。

稲葉はその感謝の気持ちを、行動で示してくれた。とにかく練習の虫。神宮の室内練習場に、誰よりも早く来てバットを振っていた。稲葉を見つける時は、ロッカールームに行くより、練習場に行った方が確実と言われていたほどだ。その姿勢は当然、慣れない外野守備でも発揮された。足が速いわけでも、肩が特に強いわけでもない。だから、各バッターの打球方向に注目し、徹底的に研究。守備位置にこだわった。結果、ゴールデングラブ賞を、こちらも5回は獲ったようだな。

「成功というものは、その結果ではかるものではなく、それに費やした努力の統計ではかるべきものである」（トーマス・エジソン）

とても好きな言葉だ。90年代、巨大補強をする巨人を後目（しりめ）に、私は毎年のキャンプのミーティングで、ヤクルトの選手たちにこう言い続けた。

「愛と優勝は、金では買えない」

今考えると、少し気障かな？　だが、それなりに結果を残せたこの時代を振り返ると、今だからこそ好きになれる言葉がもう一つある。それは、満鉄初代総裁の後藤新平が残した言葉だった。

2009年10月24日、日本ハムとのCSに敗れ、楽天の監督として最後の試合を終えた私を、楽天の選手たちが胴上げしようとしてくれた。その時だ。敵側のベンチから、誰か走って来た。日本ハムで、当時は主将を務めていた稲葉だった。同じく、日本ハムでコーチを務めていた吉井（理人）の姿も。こちらはヤクルト時代、トレードで獲得したんだったな。挙句、楽天、日本ハム、両球団の選手が入り乱れて私を胴上げ。こんな監督、おらんのじゃないか？　光栄だったし、感無量だったよ。

⚾

そして、2013年の秋、家の呼び鈴が鳴った。扉を開けると、宮本がいた。

「監督、お世話になりました。今年で現役を引退します」

息子の克則に、私が家に確実にいる日付と時間を聞いていたらしい。電話では失礼とか、さりとて、私をどこかに呼び出すのも違うと思ったのかも知れないな。本当、その堅守同様、細かなところに気付く男だよ。

現在は、私が最後にお世話になった楽天で、ヤクルト時代に一緒に戦った石井一久がGMを務め、2020シーズンから、同じヤクルトにいた三木肇が監督に。そしてヤクルトの新監督には、これまたかつての教え子である、高津臣吾が就任した。2人とも、私への言及があったようだ。

「野球は間（ま）が多く、考える時間のある『間のスポーツ』であることを学ばせてもらった。自

分の土台になっている」（三木）

「野球の難しさ、奥深さを学ばせて頂いて、感謝しかない」（高津）

斟酌があるんとちゃうか？　それに監督として私のコピーになる必要もないんだけどね。あくまで野球の本質や基本を大切にしつつ、三木流、高津流を作り上げていって欲しい気持ちでいっぱいだ。そうでないと、私もボヤけないしね。

それにしても、この年になって後藤新平の言葉が思い出される。

「財を遺すは下、事業を遺すは中、人を遺すは上なり」

監督期を振り返り、少しは試合以外でも、野球界に恩返し出来たかなと思っている。

番外編　最愛の妻を亡くして

「俺より先に逝くな」

（似ている……！）

改めて、そう思った。鼻ぺちゃなところは特にだ。気の強いところもそうだった。誰に似ているかと言えば、私の母・ふみにだ。

目の前には、棺に入った、妻・沙知代の顔があった。

サッチーが亡くなった時の様子は、今まで何度も書いて来た。その日、お手伝いさんの作ってくれたブランチを食べ、私が先に席を立ち、居間のテレビでワイドショーを観ていた。するとお手伝いさんがやって来て、言う。「奥さまの様子がおかしいんです」。食堂へ行ってみると、テーブルの上に突っ伏している。実はブランチに手をほとんど付けておらず、その時点で、少々変だなとは思っていたのだが。私が背中をさすって、「大丈夫か？」と声をかけると、いつもの強い口調で答えた。

「大丈夫よ」

それが、サッチーの最後の言葉になった。

番外編
最愛の妻を亡くして

救急車で運ばれたサッチーは、２０１７年12月8日、16時9分、永眠した。享年85。死因は虚血性心不全ということだった。

気障ったらしい言い方をすれば、出会いは、運命づけられていたのかも知れない。

高校3年の時、南海に入団する直前、先生に連れられて、「よく当たる」と評判だった占い師の元に出かけた。野球選手としての、今後の成功を占ってもらうのだ。占い師は言った。

「あなたの名前は今ひとつですが、生まれた年月日と時間が最高に良い。野球選手としては大成するでしょう。ただし……」

その占い師は、未来を言い当てていた。

「あなたは女性で必ず失敗するでしょう」

サッチーと出会ったのは、そこから約17年後の、１９７０年のことだった。

南海の兼任監督として、後楽園球場の東映フライヤーズ（現・日本ハム）との3連戦に臨んでいた時だ。当時、東京遠征に行くと、チームは原宿の神宮橋旅館という宿に泊まった。そこから1分くらいのところに、「皇家飯店」という、それなりに高級な中華料理店があって、私たちもよく利用していた。そこに客として現れたのがサッチーだったのだ。

「ママ〜、お腹空いた〜」

と口にしながら現れたから、常連だったのだろう。すると、まさにそのママが言った。

「いい人、紹介してあげる。この人、監督さんなのよ」。ところがサッチーは、キョトンとしている。私は既にその時、三冠王を獲っていたのだが（１９６５年）、彼女は私を知らなかった。野球そのものに、興味がなかったわけだ。私は、多少の不機嫌さも含め、しかしやんわりと自己紹介した。

「雨が降ると、出来ない仕事をやっております」

サッチーは店主から私がプロ野球の選手と聞くと、すぐさま電話をかけに行った。息子の、ダンとケニーに意見を聞いたのだ。２人とも大の野球好きである。

「あなた達、野球の野村さんって、知ってる？　今、一緒に食事をしているのだけど……」

「えぇっ⁉　凄い人だよ！」

そんな会話がなされたようだ。単純だが、そこからサッチーの私を見る目が変わった。なんとその日、息子たち２人を連れて、後楽園球場の南海―東映戦を観に来たのである。いや、それ以前に、既に彼女は私が忘れることのできない行動を起こしていた。「皇家飯店」で、私が席を立とうとすると、「これを持って行きなさい」と、ある小さな物を押し付けたのである。それは、御守りだった。「勝利の御守りだから、それを持っていれば、絶対に勝つわよ」。なんて調子のいい女なんだろう。

だが、実際、その日は勝った。

私はと言えば、本当は「皇家飯店」で、サッチーの魅力に参っていた。なにせ、渡された名刺に、「代表取締役社長　伊東沙知代」とあったのだ。（女社長……！）。70年当時、稀有な存在だったことは間違いない。ボウリング用品の輸入代理店のようなことをしているらしかった。当時、ボウリングはブームだったし、この店に来る直前は、表参道にあるセントラルアパートという建物に寄っていたと語った。

そのアパートは、もともと米軍関係者のために作られ、戦後は力道山などの、超一流有名人しか住めなかった場所である。田舎ッぺの私が舞い上がるに十分な体裁をサッチーは整えていた。しかも、足が長く、綺麗だった。改めて気づくのだが、私は女性の足に魅力を感じることが多かった。自分が短足だったからかも知れない。

後年、愛犬家であるという私の素顔が伝わり、その類の取材を受ける度に言って来た。

「サッチー以上の猛犬はおりませんよ」

実際、その猛威は凄かった。付き合っていた時期、こんな逸話がある。

私に軽いお見合い話が持ち込まれた。人づてに紹介を受け、食事でもどうですかという程度のことである。サッチーにこの話を振ると、「いいじゃない。行って来たら？」と言う。なので、当日、約束したレストランに行くと、なんとそこに、サッチーも来ていたのである。「どんな女性か、私が見極めてあげるわ」。可哀そうに、少なくとも食事を楽しめるはずだった女性は、サッチーの矢のような視線に射すくめられ、完全に委縮してしまっていた。私は痛感した。もう、この猛女から、逃げることは出来ないかも知れない、と。

実際、一子の克則が出来、その5年後に結婚。その後もサッチー台風の猛威は衰えず。例えば、ブローチをプレゼントしたことがあった。ある宝飾店に2人で行ったら、サッチーが、「あら、すてきね」と店員に言っていたのだ。なので、私は内緒でそれを購入。日が近かった彼女の誕生日にそれをプレゼントした。すると、サッチーは一言。「なによ、これ」……どうやら店員に言った言葉は、ただのお愛想だったようだ。翌日にはその店にブローチを返しに行ってしまった。

携帯電話は5台折られた。私が銀座に遊びに行くとするだろう。すると、向こうにとって私は顧客だから、電話番号を知りたがる。教えると、「またお店に来て下さいよ」と電話をかけて来る。ところがそれに出るのがサッチーなわけだ。先方を恫喝し、その場で携帯電話を折る。使い物にならなくしてしまえば、その番号はなくなったも同然だからね。

ただ、向こうにしてみれば単に商売じゃないか。私のことを、本気で好きなわけでもおそらくない。ただ、店に来て、売り上げに貢献して欲しいと言っているだけなのだが、サッチーは、私に対する、その程度のアクセスでも、怒髪天を衝くのだった。

異常だ。だが、私は、同時に思った。

（この女は、それくらい私のことが気にかかるのか）と。

何度か触れて来たが、私はサッチーを妻にする前に、一度結婚している。1960年だった。相手は社長令嬢だった。私のような田舎者と違い、ハイソな感じだった。先述もしたが、イモ野郎の私は、そういう印象に、とても弱いのだった。だが、母にこんな風に言われたのを覚えているよ。

「お前、本当に、あんなお嬢さんと結婚するのかい？」

不安しかない口ぶりだった。境遇や雰囲気の違いを見て取ったのだろう。結局、結婚して数年で、別居の運びとなった。恥ずかしい話だが、浮気されたのである。野球選手は遠征が多いし、残された妻は、こういうのも何だが、もし不貞したいと思う相手がいたなら、その時間など、たっぷりある。

占い師が観た女性で失敗するという予想は、早くもここに出ていたわけだ。すぐに家を出たが、離婚はなかなか成立しなかった。その間にサッチーと出会い、克則まで出来たわけだから、私も随分、週刊誌の類に叩かれたよ。兄ともこの件で不和になったのは第1章に書いた通りだ。

だが、サッチーは前妻とはまるで違っていた。どんなに私の帰りが遅くなっても、起きて待っていた。「先に寝とればいいよ」と何度も言ったのだが、一切、この部分は変わらなかった。

恐妻ゆえ、皆さんもご存知のトラブルもあった。南海が弱いと、選手に「あんたのせいで負けた！」とか球場まで来て口出ししてな。あげく、私は監督を解任されたわけだ。

ところが、実はサッチーは、野球は全然、詳しくないんだよ。２００８年、スポーツニュースの類に夫婦揃って出て、「ＷＢＣのベストオーダーをノムさんが決める！」という企画があったのだけど、１番から９番まで全員選び終わった後、私が言った。

「あれ？　よく見たら2塁がおらんかったわ。選び直さにゃ」

するとサッチーが言った。

「選手の名前見ただけで、守備位置がわかるの？　凄いわねえ」

だが、よく支えてくれたと思う。監督として、私が重要な勝負を迎えた時だ。オーストラリアにあるエアーズ・ロックに、直行直帰で帰って来た。理由を聞いたら、「ラッキースポットだから」と言うておったわ。その試合は、勝ったんじゃないかな。たとえお金があったとしても、願掛けのためにエアーズ・ロックに日帰りするなんてバカげた話なんだけど、そうまでしてくれるのかという気持ちが私にあったのは事実だ。そのおかげ、というのも違うんだが、当時、率いていたヤクルトは4度の優勝。神宮球場で私が胴上げされた時、サッチーは売店や球場のスタッフのもとを回っていたらしい。皆に頭を下げ、お礼を言っていたそうだ。「お陰さまで優勝できました。これも支えていただいた皆さんのお陰です」

そんなこと、サッチーが亡くなってから関係者の人づてで初めて知ったよ。

1996年、第41回衆院選に立候補。小沢一郎さんの肝煎りだったが、実は最初に出馬のターゲットにされていたのは私なんだよ。小沢さんが家まで来て打診してくれた。生涯一捕手の私が、「今は監督の身にあるし、そういうのは私はちょっと……」というと、サッチーが、「じゃあ私が出る」と。なんだか、楽しい晩年だったな。

2001年にはサッチーの脱税容疑の余波で、私も阪神の監督を降りた。傍から見てりゃ大変な家庭に映ったかもしれないが、私を好いてくれるのはサッチーしかおらんし、まあ、

番外編
最愛の妻を亡くして

しょうがないなあという気持ちだった。それに、こう言うのもなんだが、私らの家庭のことは、私らにしかわからないよ。

２００９年だったかな。アニメ映画『カールじいさんの空飛ぶ家』のプレミア試写会に夫婦で出席。なかなかそういう機会もないから、私は壇上で、サッチーに宛てた手紙を朗読した。

「いつも同志と思っています。あなたは怖い人だと思われてるけど、本当は違う。優しすぎるんだ。すぐ人を助け、お金を貸し、ウチには借用書ばっかり。ちゃんと返してもらったのか？　私は死ぬまで働きますから、最後まで一緒にいてちょうだいね」

当時の新聞を読むと、「サッチーからは熱いキスの返礼」「場内は大いに沸いた」とあったが、そうだったっけな……。

映画は、最愛の妻に先立たれたカールじいさんが、生前の妻との約束を果たすため、旅に出るという内容だったが、それにかこつけて、こうも言った。「カールじいさんは先立たれたけど、オレの方がサッチーより先に逝くんじゃないか？　捕手は女房役と言いますが、家に帰れば私が投手で妻が捕手。女房のサイン通りに動いてます」……。

なあ、家でも何度も言ったよな。「俺より先に逝くな」と。

特に亡くなる前の１年間は、私はそれを繰り返した。今、考えると、虫の知らせだったのかな。お前は、「そんなの、どうなるかわからないわよ」と答えていたが、まさかそっちが当たるとはな。

誕生日のブローチは返品しとったが、私がふんぱつした結婚指輪はさすがにそんなことはなかったな。野村家と伊東家の家紋が入った特注品。あ、でもこれは、お前がデザインをして作ってくれたものだったな。

いま、私の胸には、バッジがついている。監督通算1500勝の記念バッジ。お前がこの記録のためのパーティーを開いてくれて、その際、贈ってくれたものだ。どんな仕事の時も、指輪とバッジだけは、忘れぬようにしてるで。

私は、もう少し働くとするわ。最後に、なぜかお前には一度も言えなかった言葉を置いておく。

今までありがとうな。

協力／株式会社ＫＤＮスポーツジャパン
構成／瑞　佐富郎

野村克也　Katsuya Nomura

1935年、京都府生まれ。54年、京都府立峰山高校卒業後、南海ホークス（現・福岡ソフトバンクホークス）にテスト生として入団。３年目から正捕手。65年には戦後初の三冠王（史上２人目）に。首位打者１回、本塁打王９回、打点王７回、MVP ５回、ベストナイン19回などの成績を残し70年、選手兼任監督に就任。73年、パ・リーグ優勝に導く。ロッテオリオンズ（現・千葉ロッテマリーンズ）、西武ライオンズ（現・埼玉西武ライオンズ）を経て80年、45歳で現役引退。通算成績は3017試合、2901安打、657本塁打、1988打点、打率.277。89年、野球殿堂入り。90〜98年ヤクルトスワローズ（現・東京ヤクルトスワローズ）監督（優勝４回、日本一３回）。99〜2001年、阪神タイガース監督。06〜09年、東北楽天ゴールデンイーグルス監督。野球評論家としても活躍。『野球と人生　最後に笑う「努力」の極意』など著書多数。2020年２月11日、没。享年84。

野村克也の「人を動かす言葉」

著　者　野村克也

発　行　2020年 3 月 10 日

発行者　佐藤隆信
発行所　株式会社新潮社　　郵便番号 162-8711
東京都新宿区矢来町 71
電話：編集部　03-3266-5550
読者係　03-3266-5111
https://www.shinchosha.co.jp

印刷所　錦明印刷株式会社
製本所　株式会社大進堂

乱丁・落丁本は、ご面倒ですが小社読者係宛お送り下さい。送料小社負担にてお取替えいたします。
ISBN978-4-10-353271-2　C0095
価格はカバーに表示してあります。